존 듀이 교육론

Dewey Education: Selections, no.3 by Martin S. Dworkin
Copyright 1959 by Martin S. Dworkin
First published by Teachers College Press, Teachers College, Columbia University,
New York, New York USA.
All Rights reserved.

Korean translation edition © 2013 by CIR Co., Ltd.
Published by arrangement with Teachers College Press, New York, USA
Through Bestun Korea Agency, Seoul, korea.
All Rights reserved.

이 책의 한국어 판권은 베스툰 코리아 에이전시를 통하여 저작권자인 Teachers College Press와 독점 계약한 도서출판 씨아이알에 있습니다.
저작권법에 의해 한국 내에서 보호를 받는 저작물이므로 어떠한 형태로든 무단 전재와 무단 복제를 금합니다.

DEWEY
John ON EDUCATION

존 듀이가 쓴 교육에 관한 기록들

존 듀이 교육론

마틴 드워킨(Martin S. Dworkin) 엮음
황정숙 역

듀이는 수십 년, 수세기 동안 작용해 왔던 교육 개혁의 요소들을 모으고, 재배치하고, 재창조했다. 게다가 그의 실험들은 완벽하게 적절했다고 할 수 있다. 마치 그가 운명이라는 시계를 보는 눈을 가진 것처럼 듀이가 한 실험들은 정확하게 계획되고 수행되었다. 도구주의자 듀이는 미국인들을 조직하는 사람이자 창조하는 사람처럼 미국의 역사와 사회에 많은 영향을 미쳤다.

서문

　죽은 후에도 끊임없이 논의의 대상이 되는 것은 저명한 사상가들에게는 거의 숙명인 것 같다. 존 듀이(John Dewey)도 예외는 아니다. 듀이의 작품들은 12개의 언어로 번역되었고, 아직도 수많은 나라에서 번역 출간되어 세계 곳곳에서 읽히고 있다. 그러나 그 당시 교육적 논의를 살펴보면, 듀이의 이론들에 대한 부당한 오해들로 가득했으며, 듀이를 추종하는 사람이나 비판하는 사람 모두 그의 저작을 무례할 정도로 희화화하고 있었다. *Classics in Education* 시리즈의 세 번째 책인 이 책은 그러한 상황을 개선해야 할 의무가 있다. 드워킨(Martin S. Dworkin)은 교육에 대한 듀이의 가장 분명하고 특징적인 글들을 모아서 미국의 사회적·지적 역사의 흐름과 연결시켰다. 게다가 그는 듀이의 생각들을 깊이 탐구하려는 사람들, 그리고 그러한 생각들이 성숙하게 된 맥락을 더욱 깊이 탐구하려는 사람들이 이용할 수 있도록 풍부한 문헌들을 제시했다. 아마 가장 중요한 것은 드워킨이 이 글을 읽는 독자들로 하여금 듀이를 숭배하거나 욕하지 않을 것을, 오히려 듀이에 대해 깊이 생각해 보기를 요구해 왔다는 것이다. 그리고 그것은 결국 듀이 자신이 가장 고마워했을 일이다.

로렌스 크레민(Lawrence A. Cremin)[1]

---

1) [역주] Lawrence A. Cremin(1925~1990) 미국의 교육사학자이자 교육행정가이다. 『The Transformation of the School: Progressivism in American Education』(1876~1957)이라는 책에서 학교에 다니는 학생들이 증가하게 되면서 나타난 반학문적인 교과와 반권위주의적인 교수법 등을 기술했다. 1981년 『American Education: The National Experience』, (1783~1876)으로 퓰리처상을 수상했다.

역자 서문

1. 듀이에 대한 오해를 넘어서

 교육 분야에서 '존 듀이(John Dewey)'라는 이름은 그 자체로 진보주의를 상징한다. 듀이의 이름 뒤에는 대부분 '아동 중심', '경험', '이해관심(interest)',[2] '진보주의 교육'이라는 문구가 뒤따른다. 듀이는 주로 19세기 후반 미국을 무대로 활동했지만, 그의 사상은 시공을 초월하여 전 세계 곳곳에 영향을 끼쳤으며 오늘날에도 그는 진보주의 교육을 대표하는 인물로 남아 있다. 듀이가 미국을 비롯하여 전 세계의 교육에 끼친 영향력에 대해서는 더 이상 말할 필요가 없을 것이다. 그러나 우리는 과연 듀이에 대해, 특히 교육과 관련된 듀이의 사상에 대해 얼마나 정확히 알고 있는가? 그리고 듀이의 사상을 제대로 이해하는 것이 왜 중요한가?

 듀이는 새로운 교육의 비전을 제시한 인물로 찬사를 받기도 했

---

[2] [역주] 종종 '흥미'라고 번역되지만, 단순한 재미나 흥미와 구분하기 위해 '이해관심'으로 번역하였다.

지만, 동시에 수많은 비난과 비판의 대상이 되기도 하였다. 듀이를 중심으로 한 진보주의 교육은 1920~1930년대 미국 교육을 주도했으나, 아동의 자유와 이해관심을 지나치게 강조한 나머지 필요한 학문적 내용을 아동에게 체계적으로 습득시키지 못했다는 비판을 받았다. 특히 1957년, 구소련이 미국보다 먼저 세계 최초의 인공위성인 스푸트니크호를 발사하자, 미국에서는 자신들의 교육에 문제가 있다고 생각하게 되었고, 그러한 상황에서 아동중심·생활중심의 교육을 지향한 진보주의 교육에 대한 비판이 커졌다. 그리고 그러한 비판의 중심에 듀이가 있었다. 많은 사람이 듀이와 진보주의를 동일시하면서 진보주의 교육이 가진 한계를 듀이의 탓으로 돌렸던 것이다. 그러나 과연 그 모든 책임과 비난을 듀이가 져야 하는 것인가?

마틴 드워킨(Martin S. Dworkin)이 이 책을 엮은 1959년은 아마도 듀이와 진보주의 교육에 대한 비판이 가장 극심한 시기였을 것으로 예상된다. 그런 상황에서 드워킨은 당시 미국인들이 듀이에 대해 잘 알지도 못하면서 그를 무조건 비난하거나, 아니면 무조건 숭배하고 찬양하는 극단적인 태도를 보이고 있음을 지적했다. 그리고 이러한 태도가 듀이를 올바르게 이해하고, 더 나아가 우리가 살고 있는 세계를 이해하는 데 방해가 된다는 점을 강조하며, 듀이에 대해 깊이 숙고할 것을 요구했다. 드워킨은 진보주의 교육에서 듀이가 차지하는 위치, 듀이가 실제로 미국 교육에 끼친 영향 등을 상세하게 검토하고 고찰함으로써, 듀이에 대한 오해를 넘어 진정한 평가가 가능할 것이라고 보았다.

이 책은 이러한 배경에서 탄생했으며, 특히 진보주의 교육과 관련하여 듀이가 어떤 입장을 취하고 있었는지 잘 드러내주는 글들을 담고 있다. 오랜 숙고를 통해 듀이의 사상을 이해하는 것은, 그에 대한 오해를 풀어줄 뿐 아니라, 이른바 '진보적'이라고 하는 교육이 어떤 것이어야 하는지에 대해서도 생각해 볼 수 있는 기회를 제공한다. 특히 듀이 스스로가 진보주의 교육에 대해 비판적이었다는 것을 확인하면서, 오늘날에도 계속되고 있는 진보주의 교육에 대한 우려와 비판을 더욱 정확히 이해할 수 있을 것이다. 또한 듀이의 진보주의 사상이 담고 있는 이상과 비전을 통해 그러한 우려와 비판을 타개하고 새로운 가능성을 모색할 수도 있을 것이다.

2. 듀이가 말하는 교육과 학교는 어떤 모습인가?

(1) 개인과 사회

듀이의 교육관은 이 책에 포함되어 있는 『나의 교육 신조(*My Pedagogic Creed:1897*)』에 분명하게 드러나 있다. 무엇보다도 듀이는 교육에 있어서 개인적 요소와 사회적 요소를 모두 고려해야 한다고 보았다. 듀이가 생각하는 **개인은 사회적 개인**이며, 또한 **사회는 개인들의 유기적인 조합**으로 이루어져 있기 때문에 개인과 사회는 결코 분리될 수 없다. 따라서 듀이는 개인의 심리학적 요소들과 정신(mind)의 활동에 대해 충분히 고찰하면서도, 동시에 '사회'라는 더 넓은 관점에서 교육을 바라볼 것을 요구한다. 아동 개개인의 심리학적 측면, 즉 고유한 힘, 취향, 이해관심, 본능에 대해 지속적인 관심을 기울이는 동시에 그러한 본능과 성향을 사회적인 의미로 해석할 수 있어야 한다는 것이다.

이는 학교에 있어서도 마찬가지다. 듀이가 생각하는 **학교는 사회적 기관**으로, 아동이 인류의 전승된 자원을 공유하고, 자신의 힘을 사회적 목적을 위해 사용하도록 도와주는 역할을 한다. 그리고 교육의 내용 또한 아동의 사회적 삶을 기초로 하여 구성된다. 사회적 삶과 무관한 학문은 아동의 본성을 파괴하는 경향이 있으며, 다양한 교과목은 모두 사회적 경험을 반영한다는 점에서만 교육적 가치가 있는 것이다. 따라서 듀이가 생각하는 이상적인 학교 교육과정에는 학문의 승계(succession)가 존재하지 않는다. 즉, 어떤 학년에서는 이 과목이, 다음 학년에서는 또 다른 과목이 더 적절하다고 보지 않는다. 진정한 진보는 학문의 승계가 아니라, 경험을 대하는 새로운 태도와 경험에 대한 새로운 이해관심의 발달 과정에서 이루어지기 때문이다. 따라서 **아동의 이해관심에 대한 지속적이고 공감적인 관찰**은 교사의 가장 중요한 역할이 된다. 이해관심은 아동이 성장하고 있다는 것을 보여주는 중요한 지표이기 때문이다.

그러나 여기에서 주목해야 할 점은, 듀이는 아동의 이해관심을 단순히 충족해 주는 것에 대해 비판적이었다는 것이다. 아동 중심의 교육에 대한 많은 비판 중의 하나는, 아동의 취향이나 본능, 이해관심에만 치중한 결과 학습이 제대로 이루어지지 않고 단순한 흥미 위주의 놀이로 전락할 수 있다는 점이다. 하지만 이러한 비판의 화살은 듀이를 향해서는 안 된다. 듀이는 아동의 이해관심을 억눌러서도 안 되지만, 그렇다고 해서 단순히 맞춰주는 것도 바람직하지 않다고 보았기 때문이다. 그는 아동의 이해관심을 단순히 만족시키는 것은 영구적인 것을 순간적인 것으로, 즉 일시적인 변덕과 기분으로 대체하는 것이라고 본다. 듀이에 따르면, 중요한 것은 그러한 이해관심 속에서 성장하고 있는 힘을 발견하는 것이며, 아동이 새로운 이해관심과 관점, 태도를 발전시키면서 스스로의 **경험을 지속적으로 재구성**(reconstruction)해 나갈 수 있도록 돕는 것이다.

(2) 협동과 유대가 중심이 되는, 공동체적 삶의 공간으로서 학교

1896년 부인 앨리스 치프먼 여사와 함께 설립한 실험학교에 대한 비판이 증가하자, 듀이는 '학교와 사회'(1899)에 대한 세 차례의 강연을 통해 자신의 교육적 이상과 실험을 정당화하고자 했다. 각각의 강연은 '학교와 사회적 진보', '학교와 아동의 삶', '교육에서의 낭비'라는 제목으로 이루어졌다. 이 강연에서 듀이가 전달하려고 했던 주된 메시지는 학교가 단순히 사실과 진리를 수동적으로 습득하는 곳이 아니라, 하나의 전체로서 **공동체적 삶의 공간**이 되어야 한다는 것이다.

학교가 공동체적 삶의 공간이 된다는 것은 실제로 공동체의 삶에서 이루어지고 있는 다양한 활동을 받아들임으로써 아이들이 그러한 활동에 참여할 수 있도록 만드는 것, 즉 학교를 '삶'의 공간으로 만드는 것이다. 듀이는 바느질, 요리, 수공예 등의 다양한 활동을 학교에 도입하면, 학교 전체의 정신과 분위기가 바뀌게 된다고 보았다. 그러한 활동을 통해 아이들은 추상적인 상징이나 자신의 삶과 거리가 먼 수업 내용을 배우는 것이 아니라, 자신이 일상적으로 살아가는 삶과 스스로를 연결할 수 있는 기회를 얻게 된다. 또한 수동적으로 지식을 받아들이는 태도에서 벗어나 능동적이고 적극적으로 참여하는 과정을 통해 활기를 띠게 되며, 무엇보다도 동료들과의 **협동과 유대**를 경험하게 된다.

듀이는 사실과 진리의 흡수를 강조하는 전통적인 학교에서는 협동이나 유대보다는 부정적인 의미에서의 경쟁이 지배적이라고 비판한다. 다른 사람들보다 얼마나 더 많이, 더 빨리 정보를 모으고 습득했는가를 위주로 평가하기 때문에 때로는 친구를 도와주는 것이 잘못이 되기도 하며, 그 과정에서 협동심보다는 이기심이 생겨나기 쉽다는 것이다. 그러나 듀이가 꿈꾸는 이상적인 학교는 **사회적 협동 정신과 공동체 생활의 정신**을 길러주는 것을 목표로 하며, 이를 위하여 학교 밖에서 이루어지는 다양한 활동이나 협력을 요구하는 일(occupation)을 학교에 도입한다.

물론 어떤 사람들은 그러한 일이나 예술, 요리, 바느질 등을 학교에 도입하면 아이들이 폭넓은 교양을 쌓지 못하고, 지나치게 물질주의적이고 협소한 이해관심만 취하게 된다는 이유로 이를 반대하기도 한다. 그러나 듀이에 따르면, 우리의 많은 본성과 욕구 중에서 오로지 지적인 측면만을 강조하는 전통적인 교육이야말로 협소하다고 할 수 있다. 만약 우리가 교육의 목적을 좀 더 폭넓은 관점에서 이해한다면, 주된 이해관심이 무언가를 '하고' '만드는' 것에 있는 아이들의 관심을 끄는 다양한 활동을 교육과정에 도입하는 것이 교육의 목표를 달성하는 데 더 효과적이라는 것을 알 수 있을 것이다. 진정한 훈육은 '삶' 그 자체, 즉 '경험'을 통해서만 이루어질 수 있으며, 그 과정에서 자연스럽게 교양이나 정보를 습득하게 되기 때문이다.

따라서 듀이는 **아동의 '삶'을 중심으로 학교를 조직**해야 한다고 주장한다. 물론 어떤 사람들은 아이들이 가지고 있는 충동이나 본능, 욕구가 너무 산만하고 일정하지 않으며 수준이 낮다는 이유로 이를 반대하기도 한다. 아동의 삶을 중심으로 교육이 이루어질 경우 필수적인 정보나 교양을 획득할 수 없다는 것이다. 그러나 아이들의 욕구나 이해관심을 교육활동의 중심에 둔다는 것은 아이들이 자기 마음대로 하도록 내버려두거나, 단순히 욕구를 충족해 주는 것을 의미하지 않으며, 교사는 안내와 지도를 통해 교육적 목적을 달성할 수 있다. 듀이가 제시하고 있는 '달걀 요리'의 사례에서처럼, 아이들은 교사가 하는 질문이나 제안을 통해 단순히 놀고 싶은 욕구에서 벗어나 자신이 하고 있는 활동의 의미를 배우게 된다.

듀이에 따르면, 학교가 아동의 삶을 중심으로 조직될 경우, **교육에서 발생하는 낭비**의 문제 또한 해결된다. 듀이는 '교육에서의 낭비'라는 연설에서, 학교 조직과 제도가 가진 문제점으로 인해 아이들의 삶이 낭비되고 있다고 지적했다. 여기에서 듀이가 지적하는 학교 조직의 문제는 각 부분들 간의 단절이다. 즉, 유치원부터 초등, 중등, 대학에 이르기까지 학교 시스템 내의 각 부분들이 서로 단절되어 각기 다른 이상(ideal)과 목적을 추구하는 과정에서 마찰과 낭비가 발생하며, 그 속에서 학문들 간의 단절이 생겨난다. 이는 교사 측면에서는 학문들을 서로 연결하려고 온갖 수단을 동원해야 하는 어려움을 낳는다. 한편 아동 측면에서는 학교에서 배운 것을 학교 밖의 일상적인 삶에 적용하지 못하고, 학교 밖에서 얻은 경험을 학교 내에서 자유롭게 활용할 수 없다는 점에서 낭비가 된다. 이러한 낭비의 문제를 해결하기 위해 듀이가 제시하는 해법은 학교를 삶과 연결하는 것이다. 듀이는 아동의 삶이 학교의 중심이 되면, 학교와 삶 간의, 학교 시스템 각 부분 간의, 학문 간의 단절을 극복하고 통일성을 확보하는 것이 가능하다고 보고 있다.

(3) 아동과 교육과정의 관계

우리는 흔히 아동중심의 교육이라고 하면, 학문이나 교과를 소홀하게 취급한다고 생각하는 경향이 있다. 듀이에 대해서도 마찬가지다. 그러나 듀이가 아동의 경험과 이해관심을 교육의 중심에 두었다는 이유로, 교육과정 속에 포함되어 있는 정식화된 학문이나 교과의 중요성을 충분히 고려하지 않았을 거라고 생각하는 것은 커다란 오해이다. 듀이가 1902년에 발표한 『아동과 교육과정(*The Child and The Curriculum:1902*)』은 그러한 오해를 해소하고, 듀이가 어떤 맥락에서 아동의 경험을 강조하는지 이해할 수 있도록 해준다는 점에서 매우 중요하다.

이 글에서 듀이는 아동의 경험을 중요하게 여기는, 이른바 '신(新)교육'과 교육과정을 중시하는 전통적인 교과중심 교육 간의 대립을 상세하게 묘사한다. 교육과정을 중요하게 여기는 쪽에서는 '훈육'을 교육의 주된 목적으로 내세우며, 교사의 '지도와 통제', '규칙'을 강조한다. 반면 아동의 경험을 중요하게 여기는 쪽에서는 '이해관심'을 표방하며 '자유와 창의', '자발성'을 주장한다. 이들 각각은 양 극단에서 서로의 입장을 공격하며 대립하고 있다.

이러한 상황에서 듀이는 양쪽 모두에 대해 비판적인 태도를 보인다. 듀이에 따르면, 이러한 극단적인 대립을 낳는 가장 큰 원인은 **아동의 경험과 교육과정 간에 어떤 간극(gap)이 있다는 편견**이다. 교육과정을 중시하는 전통적인 교육은 아동의 경험이 협소하고, 자기중심적이며 불확실한 것이라 여기므로 그 속에 진리의 씨앗이 있다는 것을 알지 못한다. 이러한 관점에서는 아동의 미성숙함이 가능한 한 빨리, 가능한 한 많이 벗어나야 할 것이 된다. 반면 새로운 교육은 아동이 지금 현재 가지고 있는 힘과 이해관심을 최종적인 목적으로 간주한다는 점에서 위험하다. 듀이에 따르면, 현재 아동이 가지고 있는 힘과 가능성, 이해관심은 더 높은 단계로 성장하게 하는 동력으로서 의미를 갖는 것이지, 현재 상태 그 자체가 목적이 될 수는 없기 때문이다. 듀이는 아동의 경험 속에 내포된 성장의 가능성을 중요하게 여기면서도, 아동 중심의 교육이 가진 이러한 한계에 대해서는 매우 비판적이다.

듀이는 아동과 교육과정이 하나의 과정을 규정하는 것이며, **동일한 실재에 대한 시작과 끝의 관계**라고 본다. 따라서 이 둘을 대립시킨다거나 어느 하나를 평가절하해서는 제대로 된 교육이 불가능하다. 그렇지만 듀이는 여진히 아동의 경험을 성장과 교육의 출발점이자 근원으로서, 더욱 무게를 두고 있다. 그는 정식화된 교과나 학문이 시행착오를 줄여주고, 아동의 욕구나 충동을 해석하고 아동이 나아갈 바를 안내하는 데 도움이 된다는 점에서 유의미하다는 것을 인정한다. 또한 경험을 논리적으로 체계화한 학문이나 교과는 아동의 경험을 더욱 유의미하고 유용한 것으로 만들어주는 역할을 한다. 그러나 그렇다고 해서 학문이나 교과가 개인의 사적인(personal) 접촉이나 경험을 대신해 주는 것은 결코 아니라고 말한다. 또한 그것의 가치와 의미는 그 자체에 있는 것이 아니라, 그것이 아동의 성장에 어떤 역할을 하느냐에 달려 있다.

듀이에 따르면, 학문이나 교과 그 자체에 가치를 두고 외부에서 진리를 주입하려고 한다면, 학습 자료는 아동의 삶과 유기적으로 연관되지 못하고 지나치게 형식적이고 상징적인 것이 된다. 또한 아동은 학습에 대한 동기 유발이 이루어지지 않는다. 게다가 아무리 논리적이고 체계화된 학습 자료라 할지라도 그것이 외부에서 정해진 방식으로 전달된다면, '논리적'이라는 그 고유의 가치와 특성마저 잃어버리게 된다. 그 결과 교과 내용은 단순히 '암기'를 위한 것으로 전락한다. 이런 상황에서는 교사들 또한 아동에게 학습 동기와 이해관심을 불어넣기 위해 온갖 수단을 고안해 내야만 하는 어려움을 겪는다. 이렇게 외적인 수단에 의존하여 아동의 마음을 끄는 경우 교육적 활동은 최악의 상황이 된다. 아이들은 자신들에게 주어진 익숙한 것에 순응하게 되어 성장을 저지당하고, 자신의 진정한 이해관심에 따르기보다는 단순히 신체적·사회적 고통이 두려워서 학습을 하게 된다. 이렇게 학습이 이루어질 경우 아동의 마음은 학문과 연결되지 못하고, 주의 집중이 어려워지며 머릿속은 딴 생각으로 가득하게 된다.

    이 문제에 대한 듀이의 해법은 간단하다. 바로 **학습 자료를 심리학적으로 고찰**하여 변형시키는 것, 즉 학습 자료를 아동의 삶과 연결하는 것이다. 앞서 지적한 것처럼, 듀이는 논리적이고 체계적인 교과의 가치와 중요성을 인정하지만, 그것이 아동의 성장에 기여함으로써 진정한 의미를 갖기 위해서는 **교과 내용이나 학문이 원래 기원이 되는 경험으로 되돌아가야 한다**고 주장한다. 따라서 교사의 과제는 아동이 현재 가지고 있는 경험을 더욱 풍부하고 완성도 높은 학문으로 연결하는 단계와 방법을 발견하고, 아동의 경험과 교육과정 사이를 매개하는 것이다. 물론 이를 위해서 교사는 교육과정 속에 구현된 인류의 경험을 충분히 알고 있어야만 할 것이다.

(4) 진보주의 교육의 지적 공헌

우리는 듀이가 자신이 대표하던 진보주의 교육에 대해 종종 비판적인 입장을 취했다는 것에 주목할 필요가 있다. 많은 사람이 듀이와 진보주의 교육을 동일시하지만, 사실 그는 진보주의 교육이 가지고 있던 한계를 비교적 명확히 인식하고 있었다. 특히 그는 이른바 '진보적'이라고 하는 몇몇 학교에서 유연성이나 아동의 개별성을 강조한다는 명목으로 일관성이나 지속성 없이 교육적 실천이 이루어지는 것에 대해 비판적이었다. 이와 관련하여 듀이가 1928년에 했던 '진보주의 교육과 교육과학'이라는 연설은 **진보주의 교육 운동과 교육 이론의 관계**를 명확히 하고, 교육 이론에 기여하기 위해 진보주의 교육이 나아가야 할 방향과 과제를 제시하였다는 점에서 유의미하다.

기본적으로 듀이는 진보적인 학교들이 학교의 분위기나 교사와 학생의 관계 등에 있어서 많은 기여를 했다고 본다. 듀이에 따르면, 진보적인 학교들은 '아동의 개별성과 자유 존중, 학습자의 본성과 경험에 기초한 교육 내용 구성, 형식성으로부터의 탈피, 능동성에 대한 강조, 인간적이고 평범한 사회적 관계 중시, 학교 밖의 사회에서 이루어지는 의사소통과 교류에 대한 커다란 관심'이라는 공통점을 가진다. 진보적인 학교들의 이러한 특징들은 그 자체로 학교 구성원들의 행복과 인격적 통합성(integrity)에 대한 공헌이 된다. 그러나 듀이는 이러한 공헌은 일반적인 것에 불과하며, 진보주의 교육 운동이 교육 이론에 진정으로 기여하기 위해서는 **자신들의 활동과 작업을 지적으로(intellectually) 조직해야 한다**고 주장한다.

이처럼 지적인 '조직(organization)'을 강조하는 것은 일견 전통적인 교육에 어울리는 것처럼 보인다. 그러나 듀이에 따르면, **진정한 조직은 유연하게 움직이면서도 그 자신만의 내적 원칙을 가지고 질서 있게 지속된다.** 당시 진보적인 학교들 중 몇몇 곳은 교과 내용을 즉흥적으로 만들어내거나 예상하지 않은 사건을 이용하였으며, 아동의 개별성(individuality)을 길러주기 위해 개별 아동에게 지나칠 정도의 관심을 기울이기도 하였다. 그러나 듀이는 이러한 학교와 교사에 대해 비판적이었으며, 진보적인 교육이 즉흥적이고 변덕스러우며 비일관된 교육이 되어서는 안 된다는 것을 분명히 하였다. 예를 들면, 아동의 개별성은 특정 순간에 아이가 좋아하는 것, 하고 싶어 하는 것에서 발견되는 것이 아니라, 아동이 지속적으로 하는 행동 속에서 발견된다는 것이다.

이와 같은 우연적이고 즉흥적인 유혹에 휘둘리지 않기 위해 듀이는 지식을 조직화함으로써, 더욱 장기적이고 지속적인 교육 활동이 이루어져야 한다고 본다. 이러한 조직화된 지식은 학생들이 스스로 한 활동으로부터 생겨나며, 다른 교사나 학생들이 모방해야 할 것이 아니라 여러 가지 활동 과정의 지적 가능성을 나타낸다는 점에서 전통적인 학교의 표준화된 교재와는 분명히 구별된다.

3. 이 책이 오늘날 우리에게 주는 함의

듀이는 이미 오래전에 세상을 떠났고, 그의 탄생 100주년을 기념하는 드워킨의 글과 함께 이 책이 세상에 나온 지도 어느새 50년이 지났다. 그러나 아직도 듀이는 많은 사람, 특히 교육에 종사하는 사람들에게 중요한 영향력을 행사하며, 그의 교육적 아이디어들은 여전히 많은 시사점을 가진다. 그것은 어쩌면 오랜 시간이 지난 지금도 그가 꿈꾸었던 교육적 이상이 완전히 구현되지 못했으며, 이를 둘러싼 갈등이 계속되고 있기 때문일 것이다.

지금도 여전히 학생들의 이해관심이나 경험보다는 추상적이고 객관적인 진리가 우리의 학교 교육에서 중심을 차지하고 있으며, 학교는 아동의 삶으로부터 멀리 떨어져 있다. 또한 입시 위주의 교육이나 주입식 교육에 대한 비판이 끊임없이 제기되면서도, 국·영·수를 중심으로 하는 교육 행태는 변함없이 계속되고 있다. 그 과정에서 극심한 경쟁이 아이들의 삶을 피폐하게 만들고, 학문과 배움에 대한 진정한 동기를 찾아보기 힘들다.

그러나 한편에서는 끊임없이 새로운 교육을 향한 연구와 실천이 이루어지고 있다. 교수학습 방법과 내용에 있어서의 새로운 도전, 학교 문화의 민주화를 위한 노력, 아동의 개별성과 이해관심을 고려한 크고 작은 교육적 실천들이 대안적 교육의 가능성을 모색하고 있다.

이 책에 실린 듀이의 글들은 현재 우리 교육이 처한 현실을 타개하고 새로운 대안을 모색하는 데 많은 시사점을 준다. 특히 아이들에게 더 많은 자유를 주고, 아이들의 이해관심을 교육의 중심에 두려는 사람들은 듀이가 당시 진보주의 교육에 대해 우려하고 비판했던 점을 이해함으로써 새로운 교육이 나아가야 할 바를 알 수 있다. 또한 학문과 교과 지식을 전달하는 데 중심을 두는 사람들, 아동의 경험을 완전하게 신뢰하지 못하는 사람들은 자신들이 우려했던 점을 듀이가 어떤 식으로 풀어나가는지 확인할 수 있다. 이러한 과정을 거쳐 서로의 입장 차이를 좁혀갈 수 있으며, 새로운 교육에 대한 비전을 공유할 수 있을 것이다.

|감사의 글|

    교육계에 몸담고 있는 사람이라면 존 듀이의 이름을 모르는 사람은 거의 없을 것이다. 이처럼 듀이는 진보주의 교육의 대명사로 미국을 넘어 전 세계의 교육에 영향을 끼친 사람이다. 이런 대가(大家)의 글을 번역한다는 것은 영광스러운 일이기도 하지만, 그만큼 부담도 컸다. 특히 번역 작업이 후반에 이르자 오역에 대한 부담감이 더욱 심해졌다. 처음에는 이 책 속에 담긴 글이 그리 많지 않고, 또 듀이의 사상에 대해 조금은 알고 있다고 생각했기에 나름대로 자신감을 가지고 시작했다. 그런데 시간이 지날수록 내가 듀이에 대해 얼마나 잘못 알고 있었던가를 깨닫게 되면서 그런 부담이 가중되었던 것 같다.

    그러나 한편으로 그런 과정을 거치면서 이 책을 옮기는 작업이 더욱 흥미롭게 다가왔던 것도 사실이다. 솔직히 학문적으로 많이 부족한 상태에서 번역이라는 작업을, 그것도 듀이의 글을 옮기게 되리라고는 생각지도 못했다. 그런 점에서 이 책을 번역할 수 있도록 권해 주시고 격려해 주신 정원규 교수님께 진심으로 감사드린다. 번역 작업을 통해 많은 것을 배울 수 있을 거라고 말씀하시며

이 책을 권해 주셨을 때만 해도 그 말씀의 의미가 잘 와 닿지 않았다. 그러나 듀이에 대해 오해하고 있던 부분들을 제대로 이해하려고 노력하는 과정에서, 번역이 다 끝나갈 즈음이 되어서야 교수님께서 해주신 말씀의 의미를 조금이나마 알 것 같다는 생각이 들었다.

번역 과정에서 정원규 교수님을 비롯하여 대학원에서 함께 공부하고 있는 많은 선생님과 동료들의 도움을 받았다. 초고를 읽고 전체적으로 검토해 주신 옹진환 선생님, 항상 격려해 주시고 아이디어를 주신 홍남기 선생님, 이상인 선생님, 오지혜 선생님께도 감사드린다. 이분들의 도움이 있었기에 어려운 과정을 계속해 나갈 수 있었고, 조금이나마 오역을 줄일 수 있었다. 그리고 번역이 늦어지는 것을 참고 기다려주신 출판사 편집진에게는 미안함과 고마움을 함께 전하고 싶다. 마지막으로 번역이 어느 정도 이루어졌는지 출판사보다 더 자주 확인하고 독촉 아닌 독촉을 해준 가족들에게도 감사의 뜻을 전한다.

여러 차례 수정을 거쳤지만 아직도 부족한 부분이 많이 남아 있다. 부족한 부분에 대해서는 독자 여러분의 의견을 감사하게 받아들이고자 하며, 기회가 주어진다면 그런 부분들은 차후에라도 보완할 수 있기를 바란다. 끝으로 이 책을 엮은 드워킨이 서문에서 독자들에게 요구하고 있는 것처럼, 이 책이 여러분에게 듀이와 듀이의 사상에 대해 숙고하는 계기를 마련해 주었으면 좋겠다는 바람을 가져본다.

2013년 5월

황 정 숙

일러두기

저자가 만연체의 문장을 주로 사용하였고, 당시 미국 문화나 역사의 맥락 속에서만 이해할 수 있는 상징적인 표현을 사용한 경우가 많았다. 따라서 원문을 그대로 직역할 경우 우리말 어법상 이해하기 어려운 문장이 많이 있었는데, 이런 문장은 필요한 경우에 한해 의역을 하였다. 그리고 〈학교와 사회〉에 포함된 3개의 강연원고와 '진보주의 교육과 교육과학'이라는 연설문은 문어체로 번역하면 그 의미가 제대로 살아나지 않는 경우가 많아서 구어체로 바꿔서 번역하였다. 독자는 이 번역서를 읽을 때 다음과 같은 사항에 유의할 필요가 있다.

▶ 보통 '흥미'라고 번역되는 interest는 '이해관심'으로, 문맥에 따라서 mind는 '마음' 또는 '정신', work는 '작업'이나 '저작(물)', '활동', culture는 '문화' 또는 '교양'으로, art는 '예술' 또는 '기예', science는 '과학' 또는 '학문'으로 번역하였다.
▶ 단어의 뜻을 분명하게 제시하기 위해 부분적으로 원어를 병기하였다.
▶ 원전의 주석은 [원주]로, 역자가 따로 추가한 것에는 [역주]라고 표시하였다.
▶ 지나치게 긴 문장은 두 문장 또는 세 문장으로 나누기도 하였다.
▶ 독자의 이해를 돕기 위해 역자가 본문 중에 [ ] 표시를 하고, 접속어나 설명 문구를 추가하기도 하였다.
▶ 원문에서 일부 문장이나 단어가 이탤릭체로 표시되어 있는 것을 분명하게 표시하기 위해 진한 글씨로 나타내었다.

목차

서 문 • v
역자 서문 • vii
감사의 글 • xx
일러두기 • xxii

존 듀이 : 100주년 기념 회고 • 1

제1장 나의 교육 신조 • 31

제2장 학교와 사회 • 51
    1. 학교와 사회적 진보 • 52
    2. 학교와 아동의 삶 • 75
    3. 교육에서의 낭비 • 101

제3장 아동과 교육과정 • 131

제4장 진보주의 교육과 교육과학 • 161

엘시 리플리 클랩이 쓴 『교육에서 자원의 이용』에 대한 존 듀이의 소개글 • 181

존 듀이의 생애 • 192

존 듀이 : 100주년 기념 회고[3]

존 듀이가 태어난 지 100년이 지난 지금, 그는 편파적인(partisan) 소설의 주인공이 되었다. 듀이의 위대함을 열광적으로 주장하는 사람들은 듀이의 중요성을 극단적으로 부정하는 주장에 반대한다. 그리고 듀이의 작품을 신중하게 재평가하는 것은 성전(聖典)에 대한 음모나 불필요한 해석으로 취급되어 그 자체로 웃음거리가 되거나 무시당한다. 이런 소란스러운 상황에서 만들어진 듀이의 이미지들은 20세기 중반 미국인들의 태도에 대해 많은 것을 이야기해 준다. 또한 논쟁을 영웅 대 악당의 멜로 드라마처럼 바라보는 전통적인 경향을 잘 나타낸다.

그러나 듀이는 미국인들의 삶을 형성하는 데 매우 중요한 역할을 했고, 세계적으로도 커다란 영향을 끼쳤다. 따라서 듀이가 중요하지 않다거나 위대하다고 단정하는 식의 극단적인 태도는 당시의 상황이나 듀이가 했던 활동을 우리가 제대로 이해하지 못하도록 방해한다. 그리고 듀이 작품의 많은 불명확성과 아직 해결되지 않은 어려운 문제들을 처리하는 데 꼭 필요한 작업을 할 때

---

[3] [원주] *School Executive*, Vol. 79, No.2(1959년 10월)에 실린 이 글의 요약본.

에도 방해가 된다. 뿐만 아니라 우리 자신과 우리가 살고 있는 세계를 이해하기 위해 반드시 미리 살펴보고 다시 음미해야만 하는 생각의 흐름과 사건의 배경을 분명하게 이해하지 못하도록 방해한다.

듀이의 이력은 실질적이고 입증 가능한 기록들이 남아 있는 철학자들 중에서 가장 길었다. 그의 수많은 작품은 그가 죽기 직전까지 계속한 활발한 활동과 눈부신 정열을 증명해 준다. 듀이가 스물두 살 때 발간한 그의 첫 번째 저작은 형이상학의 문제들에 관한 내용을 담고 있다.[2] 많은 철학자는 지속적인 철학적 담론에 듀이가 가장 크게 기여한 것은 그가 생애 마지막 15년간 쓴 작품들이라고 말한다. 바로 논리학, 가치론, 행동과학과 자연과학의 방법론, 인식론에 관한 글들이었다. 또한 수십 권의 책과 강의, 그리고 수백 개의 논문에서는 심리학, 윤리학, 정치학, 법학, 종교의 문제와 사고(thought)의 움직임 및 사고 체계에 대한 비판적인 해석을 다루었다. 선거 캠페인, 국제 마약 수송, 산아 제한, 평화주의, 국제연맹에서부터 멕시코, 중국, 터키, 러시아의 혁명적인 사회변화에 이르는 시사적인 이슈들은 그가 쓴 수많은 책과 논문의 주제였다.[3]

---

2) [역주] 듀이는 1882년 『사변철학(The Journal of Speculative Philosophy)』이라는 학회지에 「유물론의 형이상학적 전제」라는 논문을 투고했으며, 이를 계기로 본격적으로 철학을 공부하게 되었다.

3) [원주] 1939년 10월까지 출판한 듀이 저작물의 서지사항은 Paul Arthur Schilpp이 편집한 『존 듀이의 철학』에 첨부되어 있다(The Library of Living Philosophers, Volume I, Northwestern University, 1939; reprinted 1951, Tudor Publishing Company, New York). 그리고 M. H. Thomas와 Herbert W. Schneider의 연속판 『A Bibliography of

그러나 듀이의 모든 작품 중에서, 미국을 포함하여 다른 나라에 가장 광범위하고 깊은 영향을 끼친 것은 교육에 대한 저작들이다. 그리고 현재 그의 위상(stature)과 관련하여 가장 문제가 되고 있는 것이 교육 영역이며, 오늘날 우리가 직면하고 있는 가장 중요하고 긴급한 이슈들과 직접적으로 관련이 있는 것도 교육 영역이다.

에드먼(Edman)은 "듀이가 전문적인 철학자로서 폭넓은 영향력을 갖기 전 오랫동안 교육자로서 널리 알려진 것은 역사적인 우연이었다. 그 우연은… 듀이의 근본적인 의도와 부합했다…."[4]고 말했다. 듀이가 교육과 철학에 끼친 영향력에 대해 평가하면서 에드먼은 전문 철학자인 자신의 바람을 어느 정도 담은 것으로 보인다. 당연히 우리는 의도적인 '우연'의 의미에 대해 궁금해 할 것이다. 적어도 의도적인 우연이라는 패러독스는 듀이의 작업 전체에서 교육에 대한 저작들이 차지하는 위치에 대해 숙고하도록 한다.

그리고 우리는 이러한 숙고를 통해 듀이가 미국 교육에 실제로 어떤 영향을 끼쳤는가라는 근본적인 질문을 던지게 된다. 듀이가 끼친 영향은 얼마나 독특하고, 참신했는가? 그리고 진정으로 혁신적이었는가? 또한 미국인의 삶에 듀이가 끼친 영향은 얼마나 크고, 결정적인 힘의 산물이었는가? 듀이의 저작을 비평하기 위해서는 이런 질문들에 대해 고찰해 보는 것이 그의 글을 이해하는

John Dewey』(1882~1939)도 참고하면 도움이 된다(원래 1929년 컬럼비아 대학에서 출판되었다가 1939년에 개정됨).
4) [원주] Irwin Edman, *John Dewey*(Indianapolis : Bobbs-Merrill, 1955), p.27.

것보다 중요하다. 왜냐하면 미국 교육의 형식과 내용에 대한 듀이의 '책임'은 최근 10년 동안 학교를 둘러싼 격렬한 다툼 속에서 끊임없이 계속되는 비난 중의 하나였기 때문이다. 듀이의 영향은 우연한 것이었는가? 아니면, 불가피한 것이었는가? 어느 쪽이든 그것은 결정적이었는가?

우리는 듀이의 교육적 발상들이 힘을 갖는 맥락보다 듀이 철학이 발전해 온 과정과 배경에 대해 훨씬 더 많이 알고 있다. 그렇게 된 한 가지 이유는 교육학을 저평가하는 미국 학계의 전통 때문이다. 듀이는 미국 학계가 지식이 무엇인지에 대해 잘못 이해하고 있을 뿐 아니라 지식이 어떻게 해서 우리의 삶에 도움이 되는지 모른다는 점을 드러냄으로써 교육학을 저평가하는 미국 학계의 전통을 비판했다.

사실 듀이는 교수 학습의 문제에 대해 적극적으로 관심을 가지기 시작하면서 전통적인 철학을 점점 거부하게 되었다. 듀이를 찬양하는 사람들이나 중상모략하는 사람들처럼, 듀이가 새로운 교육이론을 제시했다고 해서 그가 전통과 단절했다고 말하는 것은 지나친 단순화이다. 그러나 그의 초기의 지적 발전에 영향을 끼친 것들을 살펴볼 때, 후에 듀이가 자신의 초기 철학에 영향을 준 사상들에 저항한 것과 교육에 헌신한 것이 그 기원에 있어서 연관되어 있다고 평가한 것은 합당해 보인다.[5]

듀이는 화이트(White)가 "더 이상 미국 철학의 황금기가 아니

---

5) [역주] 듀이의 초기의 지적 발전에는 헤겔의 관념론이 커다란 영향을 끼쳤으나, 후에 퍼스나 제임스 등의 프래그머티즘의 영향을 받아 실험주의, 도구주의 쪽으로 입장이 바뀌었는데, 이 점을 지적한 것으로 보인다.

라고"[6] 냉정하게 기술하는 시기에 철학적 연구를 시작했고 첫 번째 글을 썼다. 당시 대학에서 철학은 신학과 밀접하게 연관되어 있었다. 당시에는 상식적 실재론(common sense realism)[7]이라는 스코틀랜드 철학이 지배적이었는데, 신학과 철학의 연계가 그 이유를 잘 설명해 준다. 영국의 경험주의[8]가 종교에 대해 의심하는 경향을 낳은 데 반해, 상식적 실재론은 이에 맞서 종교적 충성심을 강화했기 때문이다.[9] 해리스(Harris)의 지도 아래 재해석된

---

[6] [원주] Morton G. White, *The origin of Dewey's Instrumentalism* (New York : Columbia University Press, 1943), p.3.

[7] [원주] 이는 *Enquiry into the Human Mind on the Principles of Common Sense*(London: 1764)과 *Essays on the Intellectual Powers of Man* (Edinburgh : 1785), edited and abridged by A. D. Woozley(London : Macmillan, 1941)을 저술한 Thomas Reid(1710~1796)에게서 발견된다. 스코틀랜드 실재론의 역사적 연구는 James McCosh의 *The Scottish Philosophy*(New York: Robert Carter, 1874)와 W. R. Sorely의 *A History of English Philosophy*, Second Edition(Cambridge: 1937)에서 찾을 수 있다. 간략한 소개는 William L. Davidson가 쓴 "Scottish Philosophy," by in the *Encyclopedia of Religion and Ethics*, edited by James Hastings(Edinburgh : Clark, 1920), Vol. XI, pp.261~271에 있다.

[8] [역주] 인식론의 측면에서 경험주의(empiricism)는 단어나 개념의 의미는 그것이 실제적인 경험과 연결되었을 때만 파악될 수 있으며, 어떤 명제(命題)나 신념의 정당성은 경험에 의존한다고 보는 입장이다. 따라서 권위나 직관 또는 상상적 억측 따위를 신념의 근원으로 하는 것을 반대한다. 근대 경험론의 선구를 이룬 것은 17세기 영국의 베이컨(F. Bacon)과 로크(J. Locke)이며, 이후 버클리(G. Berkeley), 흄(D. Hume) 등에게 영향을 끼쳤다. 베이컨은 참다운 학문은 경험에서 출발해야 한다고 했으며, 현실 세계에 대한 경험적 지식을 절대시했다. 로크 또한 "감각은 지식의 시작이요, 첫째 단계이다."라고 했으며, 백지(白紙)와 같이 아무 성질도 없는 마음에 여러 가지 지식을 공급할 수 있는 것을 경험이라고 보았다.

[9] [역주] 경험주의는 어떤 명제나 신념의 정당성 유무는 그것이 경험적으로 증명 가능한가에 달려 있다고 보는 입장이다. 이러한 입장에 따르면 경험적으로 증명

헤겔(Hegel)의 관념론[10] 또한 다른 학파들의 도전의식을 강력하게 불러일으켰다.[11] 그러한 움직임은 독일 철학자들의 인상적인 학문과 체계적인 독창성뿐만 아니라, 독일에서 새롭게 유행하는 학문의 영향력이 증가하고 있음을 나타냈다.

실재(reality)가 감각이나 의식과 별개로 존재하는지 아닌지

불가능한 신학의 권위가 도전을 받게 되고, 그 결과 사람들이 종교와 신학에 대해 의심하는 경향을 갖게 된다. 그에 비해 스코틀랜드의 상식철학(常識哲學, philosophy of common sense)은 흄의 회의론(懷疑論)이나 버클리의 주관적 관념론(觀念論)에 반대하여 형이상학이나 수학, 논리학, 윤리학 등에 관한 어떤 진리는 그것이 증명 불가능하다고 할지라도 사람들 사이의 일반적인 상식으로서 자명하다고 인정된다는 점에서 그것의 진리성을 옹호했다. 스코틀랜드 학파에 속하는 학자는 A. 퍼거슨, D. 스튜어트, 오즈월드 등이 있는데 이들은 도덕철학이나 인식론, 종교학 등에 있어서 상식의 진리를 옹호했다. 즉, 경험적으로 증명 가능한 것만이 실재한다는 입장에 반해 상식적 실재론은 상식이 가진 힘을 믿는 쪽이었으므로 종교적 믿음을 강화하는 결과를 가져온다.

10) [역주] 18세기 후반부터 19세기 중엽까지 독일을 중심으로 전개된 사상적 흐름으로서 '독일이상주의'라고도 한다. 대표적인 사상가는 J.G. 피히테, F.J. 셸링, G.F. 헤겔이다. 세계를 자연과 역사를 통한 보편적인 이념의 자기실현으로 파악하고, 자연에 대하여 정신의 우위를 고수하려고 하며 그 과정에서 변증법적인 논리를 창출했다. 특히 헤겔이 기독교적 신을 절대정신으로 보고 있다는 점에서 상식적 실재론과 함께 종교적 충성심을 강화한 강력한 지지자들이었다고 본 것 같다.

11) [원주] 모리스 코헨(Morris R. Cohen)이 쓴 *American Thought: A Critical Sketch*(Glencoe, Illinois: Free Press, 1954), 265~268쪽에 있는 "William T. Harris and the Varieties of Idealism"이라는 짧은 원고를 참고할 것. Cohen은 Harris를 '1867년부터 1910년까지 미국 교육계의 지적인 지도자'라고 평했다. 브론슨 올코트(Bronson Alcott)와 함께 세운 콩코드 철학학교에서의 그의 리더십은 '뉴잉글랜드의 초월주의와 독일 학문 및 관념론과의 연합'을 이뤄냈다. 어쩌면 가장 위대한 하나의 영향력은 철학에 기여한 영국 최초의 학술지 *The Journal of Speculative Philosophy*였다. 1867년부터 1893년까지 그 학술지가 발간되는 내내 Harris가 편집을 맡았다. 듀이의 첫 번째 글도 그 학술지에 실려 있다.

에 대한 논쟁은, 즉시 도덕 원칙의 권위와 종교적 교리의 합당성과 관련해 심각한 문제를 초래했다. 그러나 그러한 논쟁 너머 과학적 발견의 엄청난 그림자가 다가오고 있었는데, 바로 진화론에 대한 늘어가는 증거와 새로운 실험 심리학자들의 놀라운 연구 결과였다.

듀이는 버몬트 대학교에서 토리(Torrey) 교수의 강의를 듣던 중 스코틀랜드의 실재론을 접하게 되었다. 이후 그는 존스 홉킨스 대학교의 대학원에서 공부하면서 모리스(Morris) 교수[12]의 헤겔 관념론에 깊은 영향을 받았다. 그리고 그 영향은 모리스 교수가 미시간 대학교의 철학 교수가 되어 교수단에 합류할 때까지 계속되었다. 당시 미시간 대학교는 미국 교육학 분야에서 가장 선두에 있었고, 교사를 양성하는 문제와 관련하여 주(州)의 고등학교와 미시간 대학교 교수단은 긴밀하게 연계되어 있었다.

듀이의 딸이 그의 도움을 받아 작성한 전기문에는[13] "듀이는 미시간 주의 고등학교와 미시간 대학교 교수단이 연합하여 실시한 프로그램에 참여함으로써 일반적인 교육에 대한 관심이 고조되었다."라고 조심스럽게 기록되어 있다. 듀이의 이러한 관심은 분명히 이론적인 것 이상이었다. 듀이는 대학원에서 연구를 시작

---

12) [원주] White의 앞의 책 pp.12~33을 참고할 것. 모리스의 종합적인 처리방법은 서지목록과 함께 Robert Mark Wenley가 쓴 *The Life and Work of George Sylvester Morris*(New York : Macmillan, 1917)에 있다. 헤겔에 대한 소개의 글은 G. R. G. Mure가 쓴 *An Introduction to Hegel* (Oxford : 1940)와 W. T. Stace의 *The Philosophy of Hegel*(London : Macmillan, 1923 : reprinted Dover, New York, 1955)을 포함하고 있다.

13) [원주] Jane M. Dewey가 편집한 "Biography of John Dewey". Schilpp의 앞의 책. pp.3~45.

하기 전에 남부의 석유 도시 펜실베이니아에 있는 고등학교에서 2년간, 그 후에는 버몬트의 샬럿(Charlotte)에 있는 초등학교에서 한 학기 동안 학생들을 가르쳤기 때문이다. 또한 듀이는 존스 홉킨스 대학교에서 미국 실험 심리학의 선구자인 홀(Hall)과 함께 연구를 하면서 심리학에 관심을 갖게 되었는데, 미시간 대학교에서 교사와 학생들과 함께 작업을 하면서 심리학에 대한 관심은 더욱 커지게 되었다.

듀이가 교사들을 위해 쓴 최초의 글이나 강연, 책들은 심리학에 대한 것이었지만 정향(orientation)에 있어서는 여전히 그의 철학적인 관념론을 반영하고 있었다. 특히 듀이가 개별적인(individual) 지식을 일종의 특별 케이스라 여기는 '보편적 의식(universal consciousness)'을 상정하고 있다는 점에서 그렇다.

하지만 새로운 심리학의 실험적 기초와, 인간행동을 진화론에 부합하는 자연적 질서로 설명하는 방법은 듀이에게 뚜렷한 인상을 남겼다. 듀이에게는 그것이 당시 미국에서 이루어지던 고차적인 학문(higher learning)의 전부인 것처럼 보였다. 듀이에게 가장 중요한 영향을 끼친 것은 물어볼 것도 없이 윌리엄 제임스(William James)의 사상이었다. 1890년[14]에 출판된 제임스의 『심리학 원리(*Principle of Psychology*)』는 미국 프래그머티즘 철학[15]의 토대 속에서 진화론과 새로운 실험적 관점의 연계를 분

---

14) [원주] New York : Henry Holt & Company.
15) [원주] 이에 대해서는 특히 Philip P. Wiener의 *Evolution and the Founders of Pragmatism*(Cambridge: Harvard University Press, 1949)과 Stow Persons가 편집한 *Evolutionary Thought in America*(New Haven : Yale University Press, 1950)을 참고할 것.

명하게 보여주었다.

듀이에게 깊은 영향을 끼친 또 다른 사상은 미드(Mead)[16]의 사회적 행동주의[17]와 베블렌(Veblen)[18]의 경제적 사회학이었다. 또한 듀이는 베블렌과 더불어 마르크스(Marx)의 영향도 받았다. 그러나 듀이가 더 큰 영향을 받은 것은 링컨 스테펀스, 아이다 미네르바 타벨, 제이콥 리스, 업튼 싱클레어 등 '폭로성 기사를 쓰는 기자'들의 급진적인 개혁주의였다.[19] 듀이는 이러한 사상에 영향

---

16) [원주] George H. Mead의 *Mind, Self, and Society*(Chicago : University of Chicago Press, 1934)와 *International Journal of Ethics*, Vol. XXXV(1924~1925), pp.251~277에 실린 "The Genesis of the Self and Social Control", 그리고 *Studies in the Nature of Truth, University of California Publication in Philosophy*, Vol. XI(1929), pp.65~88에 실린 "A Pragmatic Theory of Truth"을 참고할 것. 미드의 영향력을 연구하기 위해서는 Alfred S. Clayton의 *Emergent Mind and Education*(New York : Bureau of Publications, Teachers College, Columbia University, 1943)과 *Philosophical Review*, Vol. XLVII(1938), pp.109~127에 실린 Charles W. Morris의 "Peirce, Mead and Pragmatism"을 참고할 것.
17) [역주] 행동주의(behaviorism)는 심리학의 대상을 의식(意識)에 두지 않고, 사람 및 동물의 객관적 행동에 두는 입장으로 내관(introspection)을 배척하고 오직 자극과 반응의 관계, 그리고 그러한 관계로 구성되는 체계만을 다룬다. 1913년 J.B. Watson이 주장한 이후 미국 심리학의 중요한 조류가 되었다. 와트슨은 인간의 모든 행동을 객관적으로 관찰과 측정이 가능한 자극과 반응이라는 틀로 설명했다. 후에 미드는 인간의 모든 행동을 자극과 반응이라는 틀로만 설명한 것, 즉 마음과 태도 등을 무시했다는 이유로 와트슨을 비판했다. 미드는 진정으로 과학적인 관찰이 가능한 활동은 개별 유기체의 운동이 아니라 동적인 사회 과정과 그 구성 요소인 사회적 행위들뿐이라고 본다.
18) [원주] 특히 베블렌의 *The Theory of the Leisure Class*(New York : Macmillan, 1899)와 *The Higher Learning in America*(New York : Huebsch, 1918)을 참고할 것.
19) [역주] 링컨 스테펀스(Lincoln Steffens, 1866~1936)는 미국의 언론인으

을 받아 점차 고유의 프래그머티즘[20]을 발전시켰다. 듀이는 제임스와 퍼스(Peirce)의 제한적인 철학적 기획으로부터 벗어나 사회적 목적과 정치적 행동을 강조했다. 정치적 행동에 대한 이러한 강조는 듀이가 '실험주의', 나중에는 '도구주의'라고 칭했던 것 속에 내재해 있었다.

듀이는 인식과 객관적인 실재를 이원론적으로 구별하는 것을 피하기 위해 '경험'이라는 핵심적 개념을 주장했는데, 듀이가 말하는 경험은 본질적으로 사회적 과정의 하나이다. 또한 듀이는 '지성(intelligence)의 방법'이 경험을 지배한다고 주장했는데, 이 방법은 사회적·정치적 일―교육이 행동의 가장 중요한 도구가 되는 영역―에 적용될 때 가장 잘 실행되었다. 듀이는 철학을 새

로 정·재계의 부정폭로 운동을 주도한 인물이다. 아이다 미네르바 타벨(Ida M. Tarbell, 1857~1944) 역시 미국의 진보적 언론인으로, 1904년 출간한 『스탠더드 오일회사』라는 책에서는 미국의 석유산업을 대표하는 록펠러가 이끌던 독점기업 스탠더드 오일의 음모를 파헤쳐, 「뉴욕 타임스」가 선정한 미국 20세기 저널리즘 중 가장 중요한 100개의 보도 중 5번째로 꼽히기도 했다. 제이콥 리스(Jacob Riis, 1849~1915)는 네덜란드 출신의 미국사회운동가이자 신문기자로 활동했으며, 뉴욕 슬럼가의 다큐멘터리 사진을 남겨 사회기록 사진의 장르를 개척했다. 업튼 싱클레어(Upton Sinclair, 1878~1968) 또한 진보주의 작가이자 신문기자로『정글』이라는 소설을 통해 육류가공공장의 이민노동자에 대한 착취를 폭로했으며, 빈곤퇴치 운동 등에 앞장섰다.

20) [역주] 프래그머티즘(Pragmatism)이라는 말의 어원은 행동과 비슷한 뜻을 가진 희랍어 '프라그마'(pragma)이며, 이 말을 최초로 사용한 사람은 퍼스(C. S. Peirce)이다. 그는 '명제의 진위는 행동을 통해 경험적으로 밝혀진다."고 믿는 자신의 철학을 이렇게 불렀다. 듀이의 철학을 프래그머티즘이라고 부를 때, 이는 '행동'이나 '생활'과 관련되지 않고서는 사유와 인식, 지식을 본질적으로 이해할 수 없다는 철학적 신념을 드러낸다. 프래그머티즘은 종종 '실용주의'라는 말로 번역되는데, 이러한 번역은 듀이 철학이 실용적인 목적 충족, 즉 실리(實利)를 추구하는 것처럼 오해하는 결과를 낳기도 한다. 이에 실용주의라는 말 대신 영어 발음 그대로 프래그머티즘이라 표현했다.

상일과 직접적인 관련이 없는 학문으로 보는 것에서 벗어나 행동을 강조하기 시작했다. 듀이는 『민주주의와 교육(*Democracy and Education*)』에서 철학을 '깊이 숙고하여 수행된 실천으로서의 교육 이론'[21]이라고 정의했는데, 이 유명한 정의 속에 행동에 대한 이러한 강조가 드러난다.

듀이의 이러한 변화는 그 시기의 과학적·지적 움직임이 미국 사회의 폭발적인 변화와 얼마나 깊이 관련되어 있었는지를 보여준다. 당시 미국은 남북전쟁에 이어 국가적 통합의 시기였다. 다수의 이민자가 미국으로 계속 쏟아져 들어오면서 인구가 폭발적으로 증가했고, 팽창하는 국가는 새로운 영토와 그에 따른 책무로 넘쳐나고 있었다.

또한 이전에는 볼 수 없던 거대한 규모와 풍부한 동력을 가진 산업체들이 성장함에 따라 기술 면에서 점점 더 빨리 변하는 혁신의 시대였다. 농업적 미국, 즉 시골에서의 삶은 철로와 농장의 기계화로 변화하기 시작했다. 산업적이고 상업적인 미국, 즉 도시에서는 가족생활의 전통적인 방식과 아직은 서투르고 미성숙한 민주주의라는 정치 제도가 종종 낯설고 위협적인 문제들에 직면했다. 또한 사회적·정치적 개혁 세력은 국가 전반에 걸쳐 농민과 공장 노동자를 조직화하기 위해 노력하거나, 재산을 소유한 전문직 종사 상업 계층들의 관심과 양심을 일깨우기 위해 노력했다.

1880년대와 1890년대 자연과학에서의 진화론적 접근, 사회과학에서의 실험적 방법, 그리고 철학에서 프래그머티즘의 결합

---

21) [원주] 『민주주의와 교육』 (New York : The Macmillan Company, 1916), p.387.

은 기술적 전환의 시대와 사회적·정치적 개혁주의 분위기 속에서 교육에 영향을 끼치지 않을 수 없었다. 설령 학교 자체가 변화를 요구하지 않았다고 해도 영향을 받을 수밖에 없었을 것이다. 1894년, 듀이가 시카고 대학교의 철학, 심리학, 교육학의 세 학과를 합친 학부의 학장으로 부임한 것은 1837년 만(Mann)[22]이 매사추세츠 주[23] 교육위원회 서기장으로 취임한 것과 비교할 수 있을 만큼 미국 교육의 역사상 매우 중요한 사건일 것이다.

1896년, 듀이가 부인 앨리스 치프먼 여사(Alice Chipman)와 함께 세운 실험학교에서 진보적 교육의 기본적인 아이디어들이 쏟아져 나왔다.[24] 이러한 아이디어들은 듀이의 가르침과 논문들, 이 책에 포함되어 있는 『나의 교육 신조(My Pedagogic Creed)』,[25] 『학교와 사회(The School and Society)』,[26] 『아동과 교육과정

---

22) [역주] Horace Mann(1796~1856) : 미국의 교육 행정가로 매사추세츠 주 의회 의원 및 의장을 역임했고 캘리포니아 주 교육위원회를 창설하여 서기장을 지냈다. 또한 공교육 제도 및 공교육 행정조직을 확립했고, 공립학교 교육을 위한 여러 개혁에 참여했다. 특히 1837년에 주(州) 교육위원회를 창설하여 서기장이 된 후로는 주의 교육사정에 대한 조사·보고를 12권의 연보(年報) 형식으로 간행했다. 그는 공교육을 비롯하여 교원양성교육의 확립, 도덕교육과 실업교육의 진흥을 위해서도 노력했다.
23) [역주] 매사추세츠 주(州)는 만 자신이 보통학교 또는 공립학교라는 아이디어를 발전시킨 곳이었다.
24) [원주] 실험학교에 대한 풍부한 설명은 Katherine Camp Mayhew와 Anna Camp Edwards가 쓴 The Dewey School(New York: Appleton-Century, 1936)에 있다. 듀이의 학교에 대한 이론적 배경 연구는 Melvin C. Baker의 John Dewey's Educational Theory(New York : King's Crown Press, 1955)이다.
25) [원주] The School Journal, Vol. LIV, No.3(January 16, 1897), pp.77~80. 그 제목으로 출간된 시리즈 중 Number IX로 처음 출판되었다.
26) [원주] Chicago : University of Chicago Press, 1899.

(*The Child and the Curriculum*)』,[27] 그리고 나중에 딸 이블린 (Evelyn)과 함께 쓴 『내일의 학교(*Schools of To-Morrow*)』,[28] 『민주주의와 교육(*Democracy and Education*)』,[29] 『경험과 교육 (*Experience and Education*)』[30]과 같은 책들을 통해 미국과 전 세계로 퍼져나갔다.

그러나 진저(Ginger)[31]와 맥카울(McCaul)[32]의 연구에서 입증된 것처럼, 듀이의 실험학교는 어떤 의미에서는 제인 애덤스(Jane Addams)[33]의 유명한 사회복지관 프로젝트와 파커(Parker)[34]의

---

27) [원주] Chicago : University of Chicago Press, 1902.
28) [원주] New York : Dutton, 1915.
29) [원주] 앞의 책.
30) [원주] New York : Macmillan, 1938.
31) [원주] Ray Ginger, *Altgeld's America*(New York : Funk & Wagnalls Company, 1958).
32) [원주] Robert L. McCaul, "Dewey's Chicago," *The School Review*, Vol. LXVII(1959), pp.258~280.
33) [역주] Jane Addams(1860~1935) : 미국의 여성 그리스도교 평화주의 운동가로 아동과 여성의 8시간 노동 준수·이민여성 보호·최초의 소년재판소 설립 등의 운동을 지도하여 1931년 노벨평화상을 수상했다. 사회사업·정치운동 등 폭넓은 활동을 했으며, 1887년 미국에서는 처음으로 시카고의 슬럼가에 사회복지관(settlement house)인 헐 하우스(hull house)를 설립했다.
34) [역주] Francis W. Parker(1837~1902) : 미국 진보적인 학교 운동의 선구자로 아동의 개성을 존중하는 인간적이고 자유로운 수업을 장려했다. 학교교육에서의 직관교육, 자율적 훈련, 교과통합, 단원법 등 초등교육의 커리큘럼 개조에 크게 공헌했으며 진보주의 교육운동의 창시자로 평가되어 시카고에 그의 이름을 붙인 진보주의의인 사립학교가 있다(파커학교). 그는 교육이란 개개인의 완전한 발전, 즉 정신적·육체적·도덕적 발전을 포함해야 한다고 믿었으며, 존 듀이는 그를 '진보 교육의 아버지'라고 칭했다. 파커는 표준화, 기계적이고 반복적인 학습에 반대했으며, 교육은 단지 학생들에게 정보를 주입하는 것이 아니라 스스로에 대해 생각하고 독립적인 인간이 되도록 가르치는 것임을 보여주고자 했다.

실험적인 학교를 포함하여 시카고와 그 주위에서 있었던 개혁 운동들 중 하나의 현상일 뿐이었다. 크레민(Cremin)은 종종 듀이 혼자 시작하고 발전시켰다고 여겨지는 모든 진보주의 교육 운동은 전국적이고 포괄적인 개혁 운동의 한 가지 요소일 뿐이었다고 주장한다. 크레민은 자신의 책에서 "개혁의 움직임은 대학에서는 철학, 심리학, 사회과학의 형식주의에 반대하는 적극적인 저항으로 나타났다. 그리고 도시에서는 사회적 갈등을 완화하고 자치 도시를 개혁하려는 더 큰 프로그램의 형태로 나타났다. 또한 농부들 사이에서는 급진적인 토지균등분할론(agrarianism)에 대한 온건하고 자유주의적인 대안의 핵심이 되었다."[35]라고 쓰고 있다.

교육에 있어서, 진보주의는 여러 가지 친숙한 경향을 함께 가져왔지만 그러한 경향에 대한 현대적인 수정도 동시에 이루어졌다. 그중 한 가지는 루소(Rousseau), 페스탈로치(Pestalozzi), 프뢰벨(Fröbel)의 전통에서 나온 것으로, 아동의 요구와 관심을 강조하는 낭만주의적 경향이었다. 그러나 현재 그러한 낭만주의적 전통은 학습과 행동에 대한 새로운 심리학에 의해 윤색되고 (colored), 과학적 권위도 얻게 되었다. 또 다른 경향은 제퍼슨(Jefferson)과 만(Mann)으로부터 물려받은, 보통학교 또는 공립학교라는 기구에 대한 민주적인 신념이었다. 그러나 현재 공립학교는 산업적·농업적 소명(vocation)을 위해 도시와 농촌의 시민들을 훈련시키고, 증가하는 이민자 집단을 적응시키거나 미국

---

35) [원주] Lawrence A. Cremin, "John Dewey and the Progressive Education Movement, 1915~1952," *The School Review*, ibid., p.160.

화하는 데 이용되고 있다. 듀이는 1904년 컬럼비아 대학교로 옮겨갈 때까지 이러한 진보주의 교육 운동을 이끄는 이론가이자 대표자였다. 그러나 그 당시 ― 사실 그 이후에도 ― 사람들은 듀이의 지도력에 대해 신중하게 복종하기보다는, 그를 숭배하고 잘못 이해하는 경향이 있었다.

듀이는 사범 대학에서 했던 강의와 컬럼비아 대학의 철학과 교수단에서 했던 일들을 통해 전 세계에서 온 수만 명의 학생에게 직접적으로 영향을 끼쳤다. 가르치는 일을 하나의 전문직(profession)으로 발전시키고, 정치에 참여하며, 미국에서 최초의 교원 연합을 형성하는 데 도움을 준 듀이의 활동은 전 세계의 교사와 대중들에게 영향을 끼쳤다. 또한 듀이는 미국대학교수협의회와 훗날 미국교원조합의 일부가 된 뉴욕교원조합의 형성에 도움을 주었다. 그러나 당시 듀이의 수많은 제자와 반대자들은 자신이 '지도자'였던 교육 운동에 대한 듀이 스스로의 비판이 증가하고 있었다는 점을 진지하게 받아들이지 않았다.

듀이가 1919년에 설립된 진보주의 교육협회(Progressive Education Association)에 참여하는 것을 여러 번 거절했다는 것은 중요한 문제다. 듀이는 훨씬 더 나중에 그저 명예 회장의 지위만 허락했을 뿐이다. 1920년대 동안, 그리고 1930년대와 1940년대를 거치면서 듀이는 자신이 진보주의 교육 운동에서 극단적이거나 낭만적이라고 생각한 것, 지나친 단순화라고 생각한 것에 관하여 문제를 제기했다. 이 책에 실려 있는 '진보주의 교육과 교육과학'[36)]이라는 연설에서 듀이는 '교육이라는 예술에 대해 진보주의 교육이 할 수 있는 지적인 공헌'을 고려함에 있어서 엄밀성

과 명확성이 필요하다는 것을 명시하면서 '진보주의 교육의 초기
적·소극적 단계'의 종말을 고했다. 듀이는 전쟁 후의 보헤미안주
의,[37] 개인의 창의성이란 명목 아래 이루어지는 버릇없는 표현,
그리고 억압을 피하려는 프로이트식의 배려가 혼합된, '학생 중심
의 학교'라는 생각이 뚜렷한 목적이 없다는 점과 학생들을 위험하
게 방임하는 것에 대해 날카롭게 경고했다.

나중에 듀이는 소셜 프런티어 그룹(Social Frontier group)[38]

---

36) [원주] *Progressive Education*, Vol. V, (1928), pp.197~204.
37) [역주] Bohemianism : 보헤미안처럼 세상의 법도나 관습을 무시하고 자유분방하게 사는 생활 태도를 의미한다. 15세기경 프랑스인들은 체코의 보헤미아 지방에 살고 있던 유랑민족인 집시를 보헤미안이라고 불렀는데, 프랑스어 보엠(Bohême)에서 보헤미안이라는 말이 유래했다. 19세기 후반에 이르자 사회적 관습에 구애받지 않는 방랑자나 자유분방한 예술가 등을 가리키는 말이 되었다.
38) [역주] 1929년 대공황에 의한 자본주의의 혼란과 위기는 미국 진보주의 교육에도 커다란 영향을 끼쳤다. 특히 자본주의의 모순과 파시즘을 비판한다는 점에서는 공통적인 입장을 취하면서도, 소련의 사회주의와 마르크스주의에 대해서는 조금씩 다른 입장들이 진보주의 교육 진영 속에서 대립하게 되었다. 특히 '아동 중심주의적 입장'을 고집한 진보주의 교육협회(PEA)의 기관지 *Progressive Education*에 대항하여 급진적인 교육비판과 사회적 재건을 지향하는 '사회 중심적 입장'에 서는 진보주의자들은 1934년 10월에 *The Social Frontier*라는 잡지를 발간했다. *The Social Frontier*는 1939년 10월에 *Frontiers of Democracy*로 이름을 바꾸었다가 1943년 12월에 종간했다. 당시 *The Social Frontier*에 모였던 진보주의자들은 듀이, 킬패트리크(W. Killpatrick), 카운츠(G. Counts), 러그(H. Rugg) 등이다. 1930년대 진보주의의 가장 중요한 과제는 교육을 통한 사회 개조, 사회 변혁의 추구였으며, 듀이는 이러한 문제를 1930년대 초기에 자신의 가장 절실한 과제로 삼았다. 듀이는 이와 관련하여 *The Social Frontier* 창간호에 「교육은 사회 재건에 참가할 수 있는가?(Can Education Share In Social Reconstruction?)」라는 논문과 1937년 5월호에 「교육과 사회변혁(Education and Social Change)」이라는 논문을 기고하기도 했다: 김종찬(1990), 「존 듀이의 사회개조에 있어서 집단적 지성에 관한 연구」 참고.

과 함께 정치에 대한 진보주의의 기획에 참여하기는 했지만, 카운츠(Counts) 등이 주장한 것처럼 '사회적 질서를 개조'하는 데 학교를 이용하는 것이 실현 가능한지와 바람직한 것인지에 대해서는 조심스럽게 부정했다. 또한 듀이는 이른바 '진보적'이라고 불리는 많은 학교가 교육적 책무를 회피하는 것에 대해 자주 불만을 나타냈다. 예를 들어, 진보적인 접근방식을 가진 사람들이 새로운 교과 내용을 개발하기 위해 교육과정의 개편을 요청할 때, 그러한 교과 내용은 매우 자주 삭제되거나 최소한으로 축소된다. 사회에 대하여 적극적으로 비판하는 태도를 고취하지 않는다면 어떤 학교에서든 조정한다는 것(adjustment)과 자유롭게 표현한다는 생각 역시 과장되거나 왜곡되기 때문이다.

듀이는 공산주의와 진보주의를 결합하려는 시도에 대해 반대했다. 1928년,[39] 듀이는 러시아 소비에트에 대한 부정적인 의견을 담은 보고서를 발표했다. 그 보고서에는 그의 생각들 중 일부가 러시아 소비에트에서 어떤 식으로 실행되어 왔는지에 대한 비판이 포함되어 있었다. 또한 듀이는 모스크바 공판에서 트로츠키(Leon Trotsky)[40]가 기소되자, 진상 조사를 위해 1937년 멕시코

---

39) [원주] 1928년 *The New Republic*에 게재된 러시아 소비에트에 대한 듀이의 글들은 *Impression of Soviet Russia and the Revolutionary World, Mexico-Turkey*(New York : New Republic, 1929)에 실려 있다. 그리고 러셀(Bertrand Russell), 존 듀이(John Dewey) 등이 쓴 *The meaning of Marx, A Symposium*에 있는 "나는 왜 공산주의자가 아닌가"라는 글을 참고할 것(New York : Farrar & Rinehart, 1934).
40) [역주] 트로츠키는 볼셰비키당의 지도자 중 한 사람으로 러시아 10월 혁명에서 레닌과 함께 소비에트 연방을 건설했다. 그러나 레닌이 죽고 난 뒤 스탈린과 갈등을 빚게 되면서 권력다툼에서 밀려나 국외로 추방된다. 그는 추방당한

에서 열린 조사위원회에 참석했다. 이 일은 여러 가지 면에서 공산주의자들의 신념의 과잉이나 부패에 대해 경고하는 진보주의자나 자유주의자와 같은 태도로 보일 수 있다.[41]

듀이가 교육에 대해 관심을 가졌다는 이유 때문에 이전에는 그를 진지하게 받아들이지 않던 사람들이 철학에 있어서 듀이의 후기 저작 중 일부를 진지하게 받아들였던 것에 반해, 그의 열렬한 추종자들, 특히 교육 분야의 추종자들 중 다수는 그것을 무시했다. 듀이는 컬럼비아 대학교에서 시카고 대학교와는 꽤 다른 분위기를 감지했다. 특히, 역사적으로 아리스토텔레스(Aristotle)의 실재론에 기반을 두고 있던 우드브리지(Woodbridge)는 듀이가 썼던 것처럼 '나의 모든 철학적 아이디어를 다시 생각하도록'[42] 할 만큼 영

후에도 터키, 프랑스, 멕시코 등지를 떠돌면서 스탈린의 우상화와 폭력성, 편협성을 비판했으며, 1936년 『배반당한 혁명』이라는 책을 출간했다. 그러나 1936년은 스탈린의 대대적인 숙청이 시작된 해이기도 했으며, 트로츠키의 책은 그러한 숙청을 가져온 요인 중 하나였다고 알려져 있다.
트로츠키는 소비에트 최대의 적으로 규정되어 1936년 8월 모스크바에서의 첫 번째 조작재판을 시작으로 그의 가족과 측근들이 차례로 처형당했다. 당시 멕시코에 머물던 트로츠키는 이 재판의 부당성과 스탈린의 죄악을 낱낱이 폭로했다. 그 결과 1937년 초 미국, 영국, 프랑스 등의 저명인사들로 구성된 트로츠키 변호인단이 합동조사위원회를 발족하고 멕시코에 있는 트로츠키를 방문했다. 듀이는 이때 설립한 모스크바 재판 합동조사위원회의 위원장을 맡았으며, 13차례에 걸쳐 트로츠키와 면담한 결과 모스크바 재판은 '사기재판'임을 입증했다.

41) [원주] 조사의 예비 위원회 의장이었던 듀이가 쓴 The Case of Leon Trotsky; Report of Hearings on the Charges Made Against Him in The Moscow Trials(New York : Harper, 1937)와 Not Guilty : Report of the Commission of Inquiry Into the Charges Made Against Leon Trotsky in the Moscow Trials(New York : Harper, 1938)를 참고할 것.
42) [원주] 『존 듀이 전기』, 앞의 책 p.36. 우드브리지의 주요 저서에는 The

향을 끼쳤다. 대학원에서의 가르침과 『철학의 재구성(*Reconstruction in Philosophy*)』,[43] 『경험과 자연(*Experience and Nature*)』,[44] 『확실성에 대한 탐구(*The Quest for Certainty*)』[45]와 같은 책을 보면 듀이는 프래그머티즘의 빛 속에서 성공적으로 제거된 것처럼 보였던 전통적인 형이상학적 철학의 문제들과 씨름하도록 강요받은 듯한 느낌이 든다.[46]

전통적인 형이상학과의 이런 논쟁은 『경험으로서의 예술(*Art as Experience*)』,[47] 『논리학 : 탐구의 이론(*Logic : The Theory of Inquiry*)』,[48] 『가치평가론(*Theory of Valuation*)』,[49] 벤틀리(Bentley)와 함께 쓴 그의 마지막 책 『인식 작용과 인식 대상(*Knowing*

Realm of Mind(New York : Columbia, 1926), *Nature and Mind*(New York : Columbia, 1937), *An Essay on Nature*(New York : Columbia, 1940)가 있다.

43) [원주] New York : Holt, 1920.
44) [원주] 폴 카루스 재단에서 한 강연 첫 번째 시리즈(Chicago : Open Court, 1925).
45) [원주] 기퍼드(Gifford) 강연(New York : Minton, Balch, 1929).
46) [원주] 이 시기에 듀이는 철학과 심리학에서 그의 가장 영향력 있는 교재 중 두 권인 *Ethics*(New York : Holt, 1908; 1932년 개정-이것은 James H. Tufts와 함께 쓴 것이다)와 *How we think*(New York : Heath, 1910; 1933년 개정)을 개정했다. 듀이는 또한 사회 심리학에 대한 그의 주저 *Human Nature and Conduct Modern Library*(New York, 1930)과 정치철학에 대한 그의 주저 *The Public and Its Problems*(New York : Holt, 1927; 1946년 시카고에서 게이트웨이 북스에 의해 새로운 서문과 함께 재인쇄)를 출간했다.
47) [원주] New York : Minton, Balch, 1934.
48) [원주] New York : Holt, 1938.
49) [원주] University of Chicago Press, *International Encyclopedia of Unified Science*, Vol. II, No.4, 1939.

and the Known)』[50]을 포함한 그의 후기 저작들에서 계속되었다. 듀이는 '공유된 경험'과 '과학적 휴머니즘'의 원칙들이 전(前)과학적인 무지에서 비롯되는 전통적인 믿음을 대체할 수 있다고 믿었다. 그리고 바로 이 시기에 『공동의 신앙(*Common Faith*)』[51]이라는 책에서 '공유된 경험'이라는 종교의 원칙과 '과학적 휴머니즘'의 원칙을 기술했다.

듀이는 생애 마지막까지 자신의 생각을 해석하고 옹호하는 데 열심이었다. 그는 학술지에 끊임없이 기고했으며, 지칠 줄 모르고 관심 있는 많은 책의 서문과 소개글을 썼다. 교육에 대한 듀이의 마지막 출판물은 이 책에 실려 있는 클랩(Elsie Ripley Clapp)의 『교육에서 자원의 이용(*The Use of Resources in Education*)』[52]이라는 책을 소개하는 글이다. 또한 듀이는 그의 친구들, 예전 학생들, 그리고 세계의 지성들과 폭넓은 왕래를 계속했다.

예를 들면, 중요하지만 아직도 출판되지 않은 한 통의 편지는 듀이가 죽을 즈음에 계속되던, 벤틀리와 카우프만(Kaufmann)과의 토론 내용을 담고 있다. 그들은 그 편지에서 방법론과 인식론의 근본적인 문제를 다루었는데, 특히 일찍이 듀이가 '경험'이라는 용어를 통해 나타내고자 했던 많은 것을 정교화하고 명료화했다. 그리고 인식 주체(knower)와 인식 대상(known) 간의 이원성을 제거하기 위해 듀이와 벤틀리가 '진리'라는 전통적인 기준 대신에 제안한, '보증된 주장가능성(warranted assertibility)'[53]이

---

50) [원주] Boston : Beacon, 1949.
51) [원주] New Haven : Yale University Press, 1934.
52) [원주] 1952년 뉴욕에서 Haper가 The John Dewey Society를 위해 출판.

라는 개념과 '교변작용(transaction)'[54]이라는 용어 때문에 제기된 문제들을 상세하게 다루었다.

사실 듀이가 사용한 언어는 그의 글이 끼친 영향을 듀이의 의도와는 반대로 평가하는 문제, 듀이 제자들의 해석과 듀이의 의도를 구분함에 있어서 끊이지 않는 문제를 낳는 주된 요인이다. 듀이는 불친절하게 글을 썼다. 그의 스타일은 자주 불분명했고, 그가 사용한 전문용어들은 모호했다. 철학의 기술적인(technical) 문제를 다룬 글에서, 듀이가 전통적·본질적으로 이원론적인 언어로 반(反)이원론적 추론을 표현하고자 했던 것은 사실이다. 그리고 그것은 그의 전체 저작을 이해하는 데 있어 심각한 어려움을 낳는 요인 중 하나이다. 듀이가 사용하는 언어의 문제는 그의 스타일의 부적절함과는 아주 거리가 먼, 그의 철학의 문제와 뗄 수 없는 것

---

53) [역주] 도구주의자 혹은 실험주의자의 관점에서 보면 영원불변의 궁극적 진리란 존재하지 않는다. 그래서 듀이는 어떤 문제 상황에 직면하여 탐구의 절차를 거쳐 얻은 결론을 '진리'나 '참된 지식'이라는 말 대신에 '보증된 주장가능성'이라고 표현했다. 이는 어떤 결론이 현재 상황에서 우리가 문제를 해결하는 데 도움이 된다고 탐구의 과정을 통해 보증되었을 뿐, 상황이 달라지면 우리는 또 다른 대안을 탐구해야 함을 의미한다. 『철학의 재구성』(존 듀이 저, 이유선 역, 2010) 참고.

54) [역주] transaction은 '상호교류변성작용' 또는 '교호작용'으로 번역되기도 하는데, 개인과 그를 둘러싼 상황 사이에 작용하는 밀접한 상호 관계적인 활동이라고 볼 수 있다. 이 개념을 통해 듀이는 인간의 모든 활동이 진공 상태에서 발생하는 것이 아니라 그를 둘러싼 사회적인 환경 속에서 일어나는 것임을 보여주고자 했다. 인식의 측면에서도 인간이 그를 둘러싼 세계로부터 동떨어진 상태에서 인식을 하는 것이 아니라, 환경과 상황 속에 능동적으로 참여하여 문제 상황에 부딪히면서 사고와 탐구를 하고 그로부터 유의미한 경험과 지식을 획득함을 보여준다.
「듀이의 교육적 경험론에 내재된 Transaction의 의미」(김무길, 2001, 한국교육철학회, 교육철학25) pp.17~35 참고.

이 되었다.[55]

예를 들면, 비평가들은 듀이가 사용했던 '경험'과 '탐구'라는 핵심적인 용어의 모호성에 대해 오랫동안 불만을 제기해 왔다. 듀이는 정신(mind)이나 의식을 관찰한다는 생각을 하지 않은 채, 경험하는 사람(experienc*er*)과 경험되는 대상(experienc*ed*) 간의, 탐구자와 문제 상황 간의 본질적인 통일을 나타내고자 이 용어들을 사용했다. 그러나 듀이가 의도한 것이 아니라 해도, 그가 사용한 용어는 자신의 존재를 나타내려는 목적을 가진 개별 탐구자를 흔적만 남긴 채 그들이 처한 상황이나 사회 집단 속으로 사라지게 한다는 지적을 받아왔다.

또한 '성장'이 그 자체로 하나의 목적이라고 할 때, '성장'이 갖는 의미의 모호성에 대해서는 훨씬 심한 비판이 가해졌다. 단순히 교육은 더 많은 교육으로, 성장은 더 많은 성장으로 이끌어야 한다는 격언은 잘해야 확실한 의미가 없다고 비판받고, 최악의 경우에는 목적 없는 정당화라고 비판받아왔다. 어떤 면에서 듀이는 그의 이름과 관련된 어떤 혼란도 감수할 만하다고 말할 수 있다. 이처럼 철학자들이 혼란스러워하는 동안 교육자들이 그렇게 쉽게 듀이를 이해했다는 것은 교육자들에게 칭찬이 아닐 수도 있다.[56]

---

55) [원주] 듀이의 언어 이론과 그의 언어의 관계에 대한 논의를 알기 위해서는 Emmanuel G. Mesthene가 쓴 "The Role of Language in the Philosophy of John Dewey", *Philosophy and Phenomenological Research*, University of Buffalo, Vol. XIX, No.4, June, 1959, pp.511~517 참고.

56) [원주] 듀이의 철학적 입장에 대한 예리한 비판은 코헨(Morris R. Cohen)이 쓴 "Some Difficulties in John Dewey's Anthropocentric Naturalism," *The Philosophical Review*, Vol. XLIX, 1940에 있다.

언젠가 카우프만이 『논리학(Logic)』에 관해 평했던 것처럼, 듀이의 글은 '모든 사람이 연인 아니면 악마를 볼 수 있는 마녀의 거울'과 같다.[57] 듀이를 추종하는 사람들은 듀이 주장의 확실한 의미를 둘러싸고 자기들끼리 싸움을 계속해 왔다. 듀이를 반대하는 사람들은 지난 반세기 동안의 미국 사회의 모든 잘못과 관련하여—특히 교육에서의 위기에 대해—듀이를 비난해 왔다. 특히 비바스(Eliseo Vivas)는 듀이의 저작을 '정신적 외설(menticidal obscenities)'[58]이라 비난했으며 듀이를 반대하는 사람들은 이에 동조했다.

듀이 자신도 그의 추종자들 중 많은 사람, 특히 교육자들이 자신의 글을 이해하지 못했거나, 그들의 고유한 목적을 위해 사용하기에는 매우 잘못 이해하고 있다고 불만을 제기했다. 어떤 의미에서, 오해의 위험은 실험적 행동이라는 듀이의 처방 속에 내재해 있었다. 듀이는 철학이라는 학문이 교육이론을 일반화한 것이라고 여겼는데, 이러한 생각은 이론을 세우는 것을 망설이던 미국인들의 마음을 사로잡았다. 듀이가 내린 처방은 생각하는 것만이 아니라, 행동을 통해 철학을 하는 방법인 것처럼 보였기 때문이다. 물론 지금까지 계속해 왔던 사고(thinking)라는 어려운 작업은

(코헨의 *Studies In Philosophy and Science*(New York : Holt, 1949), pp.139~175에 재판) '경험, 지식, 가치'라는 듀이의 응답과 함께 다른 비판적인 견해들은 Schilpp, *op. cit.*에서 찾아볼 수 있다.
57) [원주] Felix Kaufmann, "John Dewey's Theory of Inquiry", in *John Dewey : Philosopher of Science and Freedom*, a Symposium edited by Sidney Hook(New York : Dial, 1950), p.230.
58) [원주] National Review(New York, Vol. VI, No. 15, December 20, 1958, p.413)에 실린 "편집자에게" 보내는 편지.

반드시 필요한 것이지만 대부분은 예언자의 거대한 성전(聖典) 속에서 이미 행해져 왔다. [듀이의 생각에 따르면] 교육자는 소리내어 생각하는 철학자일 것이고, 교육자의 '생각들'은 학교에서 아이들이 실제로 경험하는 것이 될 것이다. 그리고 사회는 끝없이 실험을 계속하는 거대한 정신(mind)이 될 것이며, 시행착오와 멈출 수 없는 진보의 사슬 속에서 그 사회의 '아이디어들'이 나타나게 될 것이다.

듀이는 좋은 의도를 가진 제자들 때문에 억울하게 고통을 겪었다. 커크(Russell Kirk)는 그런 제자들을 "반쯤만 교양 있는 제 정신이 아닌 군중들"[59]이라고 말했다. 그러나 듀이는 자신의 사상과 관련하여 결정적인 것 한 가지를 모호하게 남겨 두었기 때문에, 제자들이 그의 생각을 완전히 이해할 수 있도록 도와주지 않은 셈이다.

듀이는 전통적인 지식이 어떤 가치를 가지느냐라는 기본적인 지적 이슈에 대해 지속적으로 엇갈린 애증을 보였다. 그래서 때때로 하나의 글은 두 개의 얼굴을 볼 수 있는 진짜 '마녀의 거울'이 된다. 한쪽에서는 현재를 이해하려면 반드시 역사를 연구하고 과거에 대해 학습해야 한다고 주장하지만 다른 쪽에서는 구속을 받지 않고 새로운 아이디어와 지식을 발전시키려면 모든 낡은 생각과 지식으로부터 해방되어야 한다고 주장한다.

물론 이것은 모든 시대의 개혁가들이 빠지는 딜레마이다. 그리고 듀이가 [전통적인 지식을 배워야 할지 그로부터 벗어날지를

---

59) [원주] Russell Kirk, *The Conservative Mind*(Chicago : Regnery, 1953), p.365.

두고] 망설인 것은 어떤 미래를 명목으로 현재를 지배하기 위해 과거를 없애는 검열관과 정치위원들의 확실성보다 훨씬 낫다. 그러나 듀이가 과거의 학문에 반대하는 것처럼 보이는 모든 곳에서 그의 진정한 기획과 평판에 대한 두 부류의 최악의 적들이 나타난다. 한쪽에서는 듀이의 저작들을 비판하는 배경에 대해 알아야 할 책임이 없는 맹목적인 추종자들이 생겨난다. 그들은 결코 자신들이 믿는 것을 이해할 수 없으며, 자신들이 실행하고 있는 것을 통제할 수 없는 사람들이다. 다른 한쪽에는 듀이의 명백한 반달리즘[60]으로 인해 확고한 적이 된 사람들이 문명의 사원 안에 있다. 듀이는 매우 자주 진보라는 이름의 관점을 거부하는 것처럼 보이기 때문에, 양쪽 집단 모두가 전체적인 안목을 가지고 자신을 이해하지 못하게 한다. 그리고 그의 저작과 그가 끼친 영향을 평가하는 것을 어렵고 생색조차 나지 않는 일이 되게 한다.

듀이가 태어난 지는 100년이 되었지만, 그가 죽은 지는 아직 10년이 되지 않았다.[61] 우리는 듀이의 생각과 그가 살았던 시대에

---

60) [역주] Vandalism : 다른 문화나 종교 예술 등에 대한 무지로 그것들을 파괴하는 행위를 일컫는다. 이는 반달족의 무자비한 파괴행위로 발생한 용어이다. 반달족은 5세기 초 유럽의 민족대이동 때 이베리아 반도의 에스파냐를 정복하고 아프리카로 건너가 로마총독을 살해하고 카르타고에 왕국을 세웠다. 그들은 지중해 해상권을 장악하고 로마를 약탈하기 시작했고 455년에 테베레 강을 거슬러 올라가 로마를 점령했다. 반달리즘은 이때 반달족이 무자비한 약탈과 파괴행위를 거듭한 일에서 유래한 말이다. 듀이가 전통적인 지식이나 관습, 진리보다는 실질적인 경험이나 과학적인 실험 등을 강조한 것 때문에 지금까지 이뤄놓은 문명 속에 사는 사람들에게는 그러한 문명의 파괴자로 비춰질 수 있다는 점에서 반달리즘이라는 용어를 사용한 것으로 보인다.
61) [역주] 드워킨이 이 글을 쓴 것은 1959년이며, 듀이는 1859년에 태어나 1952년에 죽었다.

대한 비판적 검토를 시작하는 단계에 있을 뿐이다. 듀이의 생각과 그가 살았던 시대는 우리의 생각과 우리가 살고 있는 시대에 듀이가 끼친 영향을 드러낼 것이다. 아직도 수집하고 출판해야 할 많은 양의 자료가 남아 있다. 아직 몇 안 되는 포괄적인 비판적 연구가 있을 뿐이고, 개략적인 이력서[62] 이상의 전기(傳記)도 없기 때문이다. 그러나 듀이를 무비판적으로 숭배하는 사람들처럼 그의 책을 읽지도 않은 채 듀이를 인용하고, 듀이를 나쁘게만 보는 사람

---

62) [원주] 듀이가 수집한 자신의 에세이와 연설문은 다음과 같은 것이 있다. *The Influence of Darwin on Philosophy and Other Essays in Contemporary Thought*(New York : Holt, 1929); *Essays in Experimental Logic*(Chicago : University of Chicago Press, 1916; reprinted 1954, by Dover Publications, Inc., New York); *Philosophy and Civilization*(New York : Minton, Balch, 1931); and *Problems of Men*(New York : Philosophical Library, 1946).
다른 사람들이 수집한 듀이의 에세이와 연설문은 다음과 같은 것이 있다. *Characters and Events* edited by Joseph Ratner, two volumes (New York : Holt, 1929); *Intelligence in the Modern World : John Dewey's Philosophy* edited by Joseph Ratner(New York : Modern Library, 1939); and Irwin Edman, *op. cit.*
위에 인용된 것들에 더하여 듀이에 대하여 경의를 표하는 에세이들의 모음에는 다음과 같은 것이 있다. *Essays in Honor of John Dewey on the Occasion of His Seventieth Birthday*(New York : Holt, 1929); *The Philosopher of the Common Man : Essays in Honor of John Dewey to Celebrate His Eightieth Birthday* edited by Sidney Ratner(New York : G. P. Putnam's Sons, 1940).
일반적이고 입문 수준의 연구는 Sidney Hook이 쓴 *John Dewey : An Intellectual Portrait*(New York : John Day, 1939), Jerome Nathanson가 쓴 *John Dewey, The Reconstruction of the Democratic Life* (New York : Scribner's, 1951) 그리고 George R. Geiger가 쓴 *John Dewey in Perspective*(New York : Oxford University Press, 1958)가 있다.

들처럼 그의 사상을 이해하지도 못하면서 듀이를 비판하는 방식을 넘어서려고 노력하는 과정에서 듀이에 대한 잠정적인 평가가 어느 정도 이루어질 수 있을 것이다.

사상사에서 듀이가 차지하는 위치는 그를 찬양하고 추종하는 사람들이 현재 만들어놓은 위치와 매우 다를 수도 있다. 그러나 듀이가 어떤 위치를 차지한다는 것 자체를 부정하는 사람들은 역사와 논리에 무관한 사람들뿐이다. 듀이는 혁신이 아니라 [그 동안 교육 개혁의 요소들을] 종합적으로 기여했을 수 있다. 듀이의 진짜 독특한 점은 표현의 어떤 특정한 뉘앙스라기보다는 생각과 수행의 문제를 두루 섭렵하여 정통했다는(encyclopedic) 것이기 때문이다.

1930년, 듀이에게 명예 학위를 수여할 때 파리 대학교에서는 감사패에 '미국의 천재'라는 표현을 썼다. 뒤르켐(Durkheim)이 이끌던 프랑스 학자들은 불공평한 비교로 남의 기분을 상하게 하는 사람들이 아니었지만, 듀이가 구현해 온 새로운 세기의 생각, 선구적인 경험, 진보적인 영감에 찬사를 보냈다. 듀이가 최고의 미국 철학자들 — 찰스 퍼스, 윌리엄 제임스, 조시아 로이스, 모리스 라파엘 코헨, 조지 산타야나[63] 등 — 중에서 최고인지 아닌지는 학문

---

63) [역주] 찰스 퍼스(Charles Sanders Peirce, 1839~1914) : 미국의 철학자이자 논리학자로 프래그머티즘의 창시자로 알려져 있다. 윌리엄 제임스(William James, 1842~1910) 역시 미국의 심리학자이자 교육학자, 철학자로서 프래그머티즘을 대표하는 인물이다. 조시아 로이스(Josiah Royce, 1855~1916)는 미국의 철학자로서 영국의 신(新)헤겔학파의 입장에서 철학뿐만 아니라 문예비평과 역사학 분야에서도 공헌했다. 모리스 라파엘 코헨(Morris Raphael Cohen, 1880~1947) 또한 미국의 철학자로서 법철학과 사회철학 분야에 공헌했다. 조지 산타야나(George Santayana, 1863~1952)

적인 문제이다. 그러나 만약 한 사람의 생애 때문에 우리의 삶이 달라진 정도에 대해 묻는다면, 의심할 것 없이 듀이는 가장 중요한 사람이다.

그러나 듀이가 미국인의 삶에 끼친 영향은, 그런 영향에 작용했던 힘들과 관련하여 조심스럽게 평가되어야만 한다. 우리는 진보주의 교육 내에서 듀이가 한 활동을 그의 동료들이 한 활동과 구분하고, 듀이의 이름으로 행한 실천에만 그의 책임을 한정해야 한다. 그렇게 해야 하는 가장 큰 이유는 우리가 '진보주의'라고 부르는 것의 본질적인 성격에 있을 수 있다. 왜냐하면 복잡하게 움직이는 사고와 행동의 많은 요소는 그것들 각자의 고유한(own) 결과에 대해 고유한 과정이 작동하는, 자신만의 고유한 기원과 순간들을 가지고 있다고 판명 날 수도 있기 때문이다. 그리고 역사 속에서 확대된 어떤 한 순간에 그러한 요소들이나 영향력들이 듀이의 작업으로 수렴되거나 집중되어 왔다고 말할 수도 있다. 시간이 흐른 뒤 그것들이 나누어져서 전달될 때, 그의 생각을 다시 검토하고 정식화하면서(reformulating) 위험을 경고하고 비판하는 것은 철학자들의 역할로 남는다.

듀이는 수십 년, 수세기 동안 작용해 왔던 교육적 개혁의 요소들을 모으고, 재배치하고, 재창조했다. 게다가 그의 실험들은 완벽하게 적절했다고 말할 수 있다. 마치 그가 운명이라는 시계를 보는 눈을 가진 것처럼 듀이가 한 실험들은 정확하게 계획되고 수행되었다. 도구주의자 듀이는 미국인들을 조직하는 사람이자 창

미국의 철학자 겸 시인이자 평론가로 주요 저서로는 『미의 의식』, 『이성의 생활』 등이 있다.

조하는 사람처럼 미국의 역사와 사회에 많은 영향을 끼쳤다. 미국인들은 그처럼 많은 사람을 이끌어오는 과정에서 듀이가 끼친 해악을 비난하기보다는 자신들이 듀이를 통해 만든 것들에 대해 책임을 지는 것이 옳을 것이다.

듀이는 「철학과 문명」이라는 글에서 "독특한 시기에 출현하는 철학은 없애기 힘든 과거와 계속되는 미래가 지속적으로 결합하여 만들어지는 지속성(continuity)의 더 큰 양식을 규정한다."[64]고 표현했다. 오류와 불명확성, 그리고 과도하고 왜곡된 표현에 대한 모든 비판 끝에 결국 존 듀이의 생애에 대한 가장 진정한 평가가 남는다. 그것을 이해하지 않고서는 우리는 우리의 역사, 우리의 현재, 그리고 다가오는 우리의 미래가 어떠할지 이해할 수 없다.

- 마틴 드워킨(Martin S. Dworkin)

---

64) [원주] *Philosophy and Civilization*, 앞의 책, p.7.

제1장 나의 교육 신조[1]

긴 생애 동안 듀이가 써낸 수백 권의 책, 논문, 그 밖의 다른 글들 중에서도 1897년에 쓴 「나의 교육 신조」는 특히 중요하다. 이 글은 표현방식과 내용에 있어서 시카고에 머물던 시기에 개혁주의자로서 듀이의 열정을 가장 분명하게 나타낸다.[2] 이 글에서, 듀이는 열정적으로, 심지어 대담하게 교육의 본질, 목적, 필연적인 진보에 대한 그의 비전을 확신한다. 그러나 개인적인 선언과 동시에 혁명적인 성명서를 발표하지만, 이를 뒷받침하는 논증이나 고증은 생략되어 있다. [그 결과 이 글은 명료하고 간결하며 호소력 있는 글이 되었다.] 그러나 이러한 명료성, 간결성, 심지어 호소력마저 듀이를 신봉하는 사람과 비판하는 사람 모두에게 많은 해석의 기회를 제공했다.

---

1) [원주] Number IX in a series under this title, in *The School Journal*, Vol. LIV, No. 3(January 16, 1897), pp.77~80.
2) [역주] 원래 이 글은 "나는 …라고 믿는다."라는 식의 서술이 반복되는 일종의 선언문 형식을 띠고 있어, 듀이의 열정과 대담함을 잘 드러낸다. 그러나 번역을 하는 과정에서는 그와 같은 표현이 반복되는 것이 부자연스러워 "나는", "믿는다."를 생략하고 자연스러운 느낌을 살리고자 했다.

1. 교육이란 무엇인가?

모든 교육은 인류의 사회적 의식(consciousness) 속에 개인이 참여함으로써 이루어진다. 이 과정은 처음에는 거의 무의식적으로 시작되어, 지속적으로 개인의 힘을 형성해 간다. 그리고 그 사람의 의식에 스며들어 습관을 형성하며, 생각을 훈련시키고, 느낌과 감정을 일깨운다. 이 무의식적인 교육을 통해 개인은 점점 인간이 축적해 왔던 지적·도덕적 자원을 공유하게 된다. 그리하여 문명(civilization)이라는 축적된 자본의 상속자가 된다. 세계에서 가장 공식적이고 기술적인(technical) 교육은 이러한 일반적인 과정에서 벗어날 수 없다. 벗어난다고 해도 단지 일반적인 과정을 조직화하거나 일부 특정한 부분만을 다르게 만들 수 있을 뿐이다.

진정한 교육은 아동이 그 자신을 발견하게 되는 사회적 상황의 요구가 아동의 힘을 자극할 때만 이루어진다. 이러한 요구는 아동이 집단의 한 구성원으로서 행동하고, 행동과 감정의 원초적인 편협함에서 벗어나도록, 그리고 스스로를 자신이 속한 집단의 복지(welfare)라는 관점에서 생각하도록 부추긴다. 아동은 다른 사람들의 반응을 통해 자신의 행동이 사회적 조건에서 의미하는 바를 알게 된다. 그리고 그러한 행동이 갖는 의미(value)는 다시 아동의 행동에 반영된다. 예를 들면, 아이는 다른 사람들의 반응을 통해 자신의 본능적인 재잘거림이 의미하는 바를 알게 된다. 아이의 본능적인 재잘거림은 분명한 언어로 바뀌고, 그 아이는 점차 언어로 요약되어 있는 풍부한 생각과 감정을 알게 된다.

이러한 교육적 과정은 두 가지 측면을 가진다. 하나는 심리학적인 측면이고 다른 하나는 사회적인 측면이다. 이는 둘 다 다른 하나에 종속되지 않으며, 어느 것이든 무시할 경우 나쁜 결과를 초래한다. 이 두 측면 중에서 심리학적인 것이 토대(basis)가 된다. 모든 교육에 있어서 학습 자료와 출발점을 제공하는 것은 아동의 고유한 본능과 힘이기 때문이다. 교육자의 노력이 아이가 교육자와 별개로 수행하는 활동과 관련을 맺지 못할 경우, 교육은 외부의 압력으로 바뀐다. 외부의 압력은 특정한 외적 결과들을 가져올 수도 있지만 그것은 진정으로 교육적이라고 할 수 없다. 따라서 개인의 심리 구조와 개인의 활동에 대한 통찰 없이 이루어지는 교육적 과정은 무계획적이고 자의적인 것이 될 것이다. 교육적 과정은 아동의 활동에 부합할 때에는 효과가 있지만, 그렇지 않을 때에는 아동의 본성과 마찰을 일으키거나 아동의 본성을 분열, 또는 억제하는 결과를 초래한다.

사회적 조건, 즉 문명의 현 상태에 대한 지식은 아동의 힘을 적절하게 해석하는 데 반드시 필요하다. 아동은 고유의 본능과 성향을 가지고 있다. 그러나 우리는 아동의 본능과 성향을 그에 상응하는 사회적 의미로 바꿔 이해할 수 있을 때까지는 그것이 의미하는 바를 알지 못한다. 우리는 아동의 본능과 성향을 과거 사회에 비추어봄으로써 앞서 이루어진 인류 활동의 유산으로 이해하고, 미래에 어떤 결과를 가져올지 이해하기 위해 미래를 향해 비추어볼 수 있어야만 한다. 즉, 아동이 본능적으로 재잘거리는 것을 보고 미래의 사회적 소통 및 대화의 가능성과 잠재력을 이해할 수 있어야 한다.

나는 심리학적 측면과 사회적 측면은 유기적으로 관련되어 있으며, 교육은 그 둘을 절충하거나 다른 것에 하나를 추가하는 것으로 간주할 수 없다고 믿는다. [때때로] 우리는 교육에 대한 심리학적 정의(definition)가 빈약하고 형식적이라는 이야기를 듣는다. 즉, 교육에 대한 심리학적 정의는 모든 정신적 힘(powers)의 발달에 대한 아이디어만 제공할 뿐, 정신적인 힘이 어떻게 사용되는지에 대해서는 아무런 설명도 해주지 않는다는 것이다. 한편 교육에 대한 사회적 정의는 문명에 적응하도록 하는 것이 교육이라 보는데 이는 교육을 강제적이고 외부적인 과정으로 이해하고 이전에 형성된 사회적·정치적 지위에 개인의 자유를 종속시키는 결과를 가져온다고 비판을 받는다.

이러한 각각의 반론들은 심리학적 측면과 사회적 측면이 단절되어 있을 때 적절한 반론이 된다. 어떤 힘이 진실로 무엇을 의미하는지 알려면 그 힘의 목적과 용도, 기능이 무엇인지 알아야만 한다. 이것은 우리가 개인을 사회적 관계 속에서 활동하는 존재로 생각할 때만 알 수 있는 것들이다. 그러나 한편으로는, 현재 주어진 상황에서 우리가 아동을 적응시키는 유일한 방법은 자신의 모든 힘을 아동이 완전히 소유할 수 있도록 해주는 것이다. 민주주의와 근대에 출현한 산업적 상황을 근거로, 지금으로부터 20년 후의 문명이 어떠할지 정확하게 예측하는 것은 불가능하다. 따라서 어떤 정확한 조건에 맞게 아동을 준비시키는 것은 불가능하며, 미래의 삶을 위해 아동을 준비시킨다는 것은 아동에게 스스로를 지휘할 수 있는 권한(command)을 주는 것을 의미한다.

아동에게 스스로를 지휘할 권한을 준다는 것은 아동이 자신의 모든 역량(capacity)을 충분하게, 손쉽게 사용할 수 있도록 훈련시키는 것을 의미한다. 즉, 아동의 눈과 귀, 손은 이용할 준비를 갖춘 도구가 된다. 그리고 판단이 필요한 상황을 파악할 수 있도록 아동의 판단력을 훈련시키고, 실행에 있어서는 경제적이고 효율적으로 행동하도록 훈련시킨다. 개인의 고유한 힘, 취향, 이해관심(interest)에 대해 지속적인 관심이 주어지지 않는다면 이런 식으로 적응시키는 것은―즉, 교육이 지속적으로 심리학적 측면(terms)으로 전환되지 않을 경우―불가능하다.

요약하면, 교육받아야 할 개인은 사회적 개인이며, 사회는 개인들의 유기적인 조합이다. 아동에게서 사회적 요소를 제거하면 순전히 추상적인 것만 남고, 반대로 사회에서 개인적 요소를 제거하면 생기 없고 죽은 것과 같은 덩어리만 남는다. 그러므로 교육은 아동의 역량, 이해관심, 습관 등에 대한 심리학적 통찰과 함께 시작되어야 한다. 교육은 모든 측면에서 이와 같은 사항을 고려하여 이루어져야 한다. 또한 우리는 아동의 힘, 이해관심, 습관을 지속적으로 해석하여 그러한 것들이 의미하는 바를 알아야한다. 즉, 아동의 힘, 이해관심, 습관은 그에 상응하는 사회적 의미를 가진 용어로 해석되어야 한다.

2. 학교란 무엇인가?

나는 학교가 원래 사회적 제도라고 믿는다. 교육은 사회적 과정이며, 학교는 아동이 인류의 전승된 자원을 공유하고 자신의 힘을 사회적 목적을 위해 사용하도록 만드는 데 가장 효과적인 기관들이 모두 집중되어 있는 공동체적 삶의 형태일 뿐이다.

그러므로 교육은 살아가는 과정이지, 미래의 생활을 위한 준비가 아니다.

따라서 학교는 현재의 삶을 나타내야만 한다. 즉, 학교는 가정, 지역사회나 놀이터에서 아동이 수행하는 것으로서, 아동에게 실제적이고 절대적으로 필요한 삶을 보여주어야 한다.

삶의 형태나 그들 자신을 위해 가치 있는 생활의 형태로 이루어지지 않는 교육은 진정한 실재를 대신하는 빈약한 대용품에 불과하다. 그리고 그러한 교육은 아동을 속박하고 생기 없게 만드는 경향이 있다.

나는 학교가 현재 주어진 사회적 삶을 단순화해야 한다고 믿는다. 즉, 학교는 사회적 삶을 초기적인 형태로 축소해야 한다. 왜냐하면 종전의 삶은 너무 복잡해서 아이가 접하면 혼란스러워지거나 주의가 산만해질 수밖에 없기 때문이다. 이 경우 아동은 계속되는 다양한 활동에 압도당해 질서 있게 반응하는 자신의 고유한 힘을 잃어버리게 된다. 그렇지 않으면 아동은 이러한 활동에 지나치게 자극을 받아서 채 성숙되지 않은 힘을 이용하고, 지나치게 특수한 것만 습득하거나(specialized) 분열된다.

단순화된 사회적 삶, 즉 학교에서의 삶은 가정의 삶에서 서서히 확장되어야 한다. 학교에서의 삶은 아동이 가정에서 이미 익숙해진 활동들이 끝난 데서 시작하여 계속되어야 한다.

따라서 학교는 가정에서 하는 활동을 아동에게 제시해야 한다. 그리고 아동이 점차 활동의 의미를 배우고, 그와 관련하여 자신의 고유한 몫을 수행할 수 있도록 활동을 재생산해야 한다.

이것은 심리학적으로 꼭 필요한 일이다. 왜냐하면 아동의 지속적인 성장을 보장하는 유일한 방법이자, 학교에서 배우는 새로운 생각에 과거의 경험이라는 배경을 제공하는 유일한 방법이기 때문이다.

그것은 또한 사회적으로도 꼭 필요한 일이다. 가정은 아동이 자라온 사회적 삶의 형태이고, 그동안 아동이 해왔던 도덕적 훈련과 관련되어 있기 때문이다. 따라서 학교가 해야 할 일은 가정의 삶과 깊이 관련된 가치들에 대한 아동의 인식을 심화, 확장하는 것이다.

나는 현재의 많은 교육이 실패한 이유는 학교가 공동체적 삶의 형태라는 근본적인 원칙을 간과했기 때문이라고 믿는다. 현재의 교육은 학교를 특정한 정보를 얻는 곳, 특정한 수업내용을 배워야 할 곳, 아니면 특정한 습관을 형성하는 곳으로 여긴다. 정보를 습득하고 수업내용을 배우고 습관을 형성하는 것의 가치는 주로 먼 미래에 있다. 즉, 아동은 앞으로 하게 될 다른 어떤 것을 위해 이러한 것들을 해야만 하는데, 이는 단지 [미래를 위한] 준비일 뿐이다. 따라서 그것들은 아동의 생활 속 경험의 한 부분이 되지 않으므로 진정으로 교육적이라 할 수 없다.

나는 도덕 교육이 학교를 사회적 삶의 한 양식으로 보는 생각에 중점을 둔다고 믿는다. 최선의 도덕적 훈련, 가장 깊이 있는 도덕적 훈련은 활동(work)과 사고(thought)의 통일 속에서 다른 사람들과 적절한 관계를 맺음으로써 이루어진다. 따라서 교육 시스템이 이러한 통일성을 파괴하거나 간과한다면 도덕적 훈련을 지속하는 것은 불가능해질 것이다.

아동은 공동체의 삶을 통한 활동(work) 속에서 자극을 받고 통제되어야 한다.

현재 상황에서 교사가 아동을 너무 많이 자극하고 통제하는 이유는 학교가 사회적 삶의 한 형태라는 생각을 간과하고 있기 때문이다.

학교에서 교사의 지위와 역할도 이와 같은 토대에서 이해되어야 한다. 교사는 아동에게 특정한 생각을 주입하거나 특정한 습관을 만들어주기 위해 존재하는 것이 아니다. 교사는 공동체의 한 구성원으로서 아동에게 어떤 영향을 끼쳐야 할지를 선별하고, 아이들이 이에 대해 적절하게 반응할 수 있도록 돕기 위해 존재한다.

학교에서의 훈육은 하나의 전체로서(as a whole) 학교에서의 삶을 통해 이루어져야 하는 것이지, 특정 교사에 의해 이루어져서는 안 된다.

교사가 해야 할 일은 많은 경험과 더 성숙한 지혜를 바탕으로 하여 아동이 삶 속에서 훈육을 경험할 수 있도록 적절한 방법을 선택하는 것이다.

아동의 등급을 나누고 진급 여부를 결정하는 등 모든 문제도 그와 똑같은 기준을 참고하여 결정해야 한다. 시험은 아동이 사회적 삶에 대해 적합성을 갖추었는지 검사하고, 최대한의 서비스와 최대한의 도움을 받을 수 있도록 [현재 그가 있는] 위치를 드러내는 한에서만 쓸모가 있다.

3. 교육의 내용

아동의 사회적 삶은 아동이 경험하는 모든 훈련이나 성장에서 집중 또는 상관관계의 토대라고 할 수 있다. 사회적 삶은 아동의 모든 노력과 성과를 무의식적으로 통합시키고, 그러한 노력과 성과의 배경을 제공한다.

나는 학교 교육과정의 내용(subject-matter)은 원초적이고 무의식적으로 통일을 이루고 있는 사회적 삶으로부터 점진적으로 분화되어야 한다고 믿는다.

우리는 이러한 사회적 삶과 관계없이 읽기, 쓰기, 지리학 등 많은 전공 학문을 갑작스럽게 제시함으로써 아동의 본성을 파괴하고, 행위와 관련된(ethical) 최선의 결과를 얻기 어렵게 한다.

따라서 학교 교과의 상관관계에 있어서 진정한 중심이 되는 것은 과학도, 문학도, 역사도, 지리학도 아닌, 아동 자신의 고유한 사회적 활동들이다.

교육은 과학이나 이른바 자연 학습이라 불리는 학문으로 통합될 수 없다. 왜냐하면 인간의 활동으로부터 멀리 떨어져 있는 자연 그 자체는 하나의 통일체(unity)가 아니기 때문이다. 자연 그 자체는 시공간 속에 있는 수많은 다양한 사물이다. 따라서 자연 그 자체를 작업(work)의 중심으로 만들려고 하는 것은 집중의 원리라기보다는 사방으로 방출되는 복사(radiation)의 원리를 도입하는 것이나 마찬가지다.

문학은 사회적 경험을 반성적으로 표현하고 해석하는 것이다. 따라서 문학은 사회적 경험 뒤에 나타나고, 사회적 경험에 선행하지 않는다. 그러므로 문학은 대략적인 통일을 이룬다고 할지라도 [근본적인] 토대가 될 수는 없다.

역사는 사회적 삶의 단계와 성장을 나타낼 때에만 교육적인 가치를 가진다. 역사는 사회적 삶을 참고하여 조정되어야 한다. 역사가 그저 단순히 역사로 받아들여질 때는 먼 과거의 일이 되어 생명력을 잃어버린다. [반대로] 역사가 인간의 사회적 삶과 진보의 기록으로서 받아들여질 때는 풍부한 의미를 가진다. 역사가 인간의 사회적 삶과 진보의 기록으로 받아들여지는 것은 아동이 사회적 삶 속으로 직접 입문할 때에만 가능하다.

그러므로 교육의 가장 중요한 토대는 아동의 힘 속에 있다. 아동의 힘은 문명을 만들어낸 것처럼 일반적으로 무언가를 구성하는(constructive) 방향으로 작동하고 있다.

아동이 자신에게 주어진 사회적 유산을 자각하게 하는 유일한 방법은, 아동으로 하여금 문명을 문명으로 만들어내는 근본적인 유형의 활동을 수행하도록 하는 것이다.

따라서 무언가를 표현하는 활동이나 구성하는 활동이 상관관계의 중심이 된다.

나는 이것이 학교에서 요리, 바느질, 수공 훈련(manual training)[3] 등이 차지하는 위치에 대한 기준을 제공한다고 믿는다.

요리, 바느질, 수공 훈련 등은 휴식이나 기분 전환, 또는 추가적인 수행이라고 할 만한 다른 모든 것에 우선하는 전공 학문은 아니지만 사회적 활동의 근본적인 유형을 나타낸다. 이러한 활동들을 매개로 하여 아동이 교육과정이라는 더욱 공식적인 교과에 입문할 수 있으며, 또한 그렇게 하는 것이 바람직하다.

과학이라는 학문은 사회적 삶을 만드는 [물질적] 재료와 과정을 보여줄 때에만 교육적으로 의미가 있다.

현재 과학을 가르치는 데에서 가장 커다란 어려움 중의 하나

---

3) [역주] manual training은 원예, 요리, 바느질, 공작 등 주로 아동이 손으로 직접 만드는 활동을 중심으로 하는 교육을 의미한다. 이는 수공 훈련, 작업교육, 실기교육으로 이해될 수 있으며, 우리나라의 교육과정에서는 초등학교의 실과, 중등학교의 기술·가정 과목이 여기에 해당된다. 이는 케르셴슈타이너(G. Kerschensteiner)의 노작교육(work-oriented-education)과도 유사한 성격이 있으나, 주로 손을 사용하는 신체적 활동을 중심으로 하는 수공적 활동에 초점을 둔다는 점에서 노작교육보다는 좁은 의미로 사용된다고 할 수 있다. 이 책에서는 손으로 만드는 활동을 배운다는 것에 중점을 두어 '수공 훈련'이라고 번역했다.

는 학습 자료가 완전히 객관적인 형태로 제공되거나, 아동이 종전에 가지고 있던 경험에 덧붙일 수 있는 새롭고 독특한 종류의 경험으로 다루어진다는 것이다. 사실, 과학은 이미 가지고 있던 경험을 해석하고 통제할 수 있는 능력을 주기 때문에 가치가 있는 것이다. 그렇기 때문에 과학을 아주 새로운 교과 내용으로 소개해서는 안 되는 것이다. 과학은 이전의 경험과 관련된 요소를 보여주고, 이전의 경험을 더욱 쉽고 효과적으로 조절할 수 있는 도구를 제공하는 방향으로 도입되어야 한다.

오늘날 문학과 언어학의 많은 가치 있는 것들을 잃어버리게 된 이유는 우리가 문학과 언어학에서 사회적 요소를 제거했기 때문이다. 교육학 책에서 언어는 거의 대부분 생각을 표현하는 수단으로만 다루어진다. [물론] 언어가 논리적인 도구인 것은 사실이다. 그러나 언어는 근본적으로, 그리고 원래 사회적 도구이다. 언어는 의사소통을 위한 장치이며, 한 사람이 다른 사람의 생각과 감정을 공유하게 해주는 도구이다. 그러므로 언어가 단순히 개별적인 정보를 얻는 방법이나 누군가가 배운 것을 과시하는 수단으로 취급될 때, 우리는 언어의 동기와 목적이 사회적이었다는 것을 잃어버린다.

따라서 이상적인 학교 교육과정에는 학문의 승계(succession)가 없다. 교육이 삶이라면, 모든 삶은 처음부터 과학적인 측면, 예술과 교양의 측면, 그리고 의사소통의 측면을 모두 가지고 있다. 그러므로 어떤 학년에는 단순히 읽기와 쓰기가 적절한 학문이고, 다음 학년에는 읽기나 문학, 또는 과학을 도입하는 것은 옳지 않다. 진보(progress)는 학문의 승계가 아니라, 경험을 대하는 새로운 태도와, 경험에 대한 새로운 이해관심의 발달 속에서 이루어진다.

마지막으로 나는 교육을 경험의 지속적인 재구성(reconstruction)으로 이해해야 한다고 믿는다. 그리고 교육의 과정과 목적은 하나이자 동일한 것이다.

그러므로 교육의 목표와 기준을 제공하기 위해 교육 바깥에 어떤 목적을 세우는 것은 교육과정에서 많은 교육적 의미를 박탈하는 것이다. 그것은 우리로 하여금 아이들을 대할 때 잘못된 외부적 자극에 의존하도록 하는 경향이 있다.

4. 방법의 본질

방법의 문제는 아동의 힘과 이해관심의 발달 순서에 대한 문제로 환원될 수 있다. 학습 자료를 제시하고 다루는 데 필요한 법칙은 아동의 고유한 본성 속에 내포되어 있기 때문이다. 그렇기 때문에 나는 아래에 제시한 것들이 교육의 혼(spirit)을 결정하는 가장 중요한 요소라고 믿는다.

1. 나는 아동의 본성 발달에서 능동적인 면이 수동적인 면에 선행한다고 믿는다. 즉, 표현은 의식적인 감동에 앞서고, 근육의 발달은 감각의 발달에 선행하며, 운동은 의식적인 감각에 앞선다. 또한 의식은 본질적으로 움직이거나 충동적

인(impulsive) 것이며, 우리는 행동 속에서 무언가를 의식하게 된다.

학교 업무에서 시간과 힘을 많이 낭비하게 된 원인은 바로 이 원칙을 소홀히 했기 때문이다. [그 결과] 아동은 수동적이고, 수용적인 태도, 단순히 흡수하는(absorbing) 태도를 갖게 된다. 그러한 상황에서는 아동이 자기 본성의 법칙을 따르는 것이 허용되지 않기 때문에 마찰과 낭비가 나타난다.

나는 생각(지적이고 합리적인 과정들) 또한 행동으로부터 생겨나고, 행동을 더 잘 통제하기 위해 사용된다고 믿는다. 우리가 이성(reason)이라고 부르는 것은 주로 질서 있게 행동하거나 효과적으로 행동하도록 하는 법칙이다. 그러나 현재 우리는 행동 속에서 수단을 선택하거나 계획하지 않고, 행동과 무관하게 추론능력과 판단력을 발달시키려고 하는 근본적인 잘못을 범하고 있다. 그 결과 우리는 아이들에게 임의적인(arbitrary) 상징을 제시하게 된다. 상징이 정신적 발달에 필수적이기는 하지만, 노력을 줄이기 위한 도구일 뿐이다. 상징은 그 자체로 제시할 경우 외부에서 강요된 무의미하고 임의적인 아이디어 덩어리에 지나지 않는다.

2. 나는 이미지가 가르침(instruction)의 훌륭한 수단이라고 믿는다. 아동이 그에게 제시된 어떤 교과에 대해 얻어내는 것은 단순히 그 교과에 관하여 스스로 형성한 이미지들이다.

현재 아동이 어떤 것을 배우도록 하기 위해 사용하는 에너지의 대부분을 아동이 [교과에 대해] 적절한 이미지를 형성하도록 하는 데 사용한다면, 가르치는 일은 훨씬 쉬워질 것이다.

현재 수업을 준비하고 설명하는 데 투자하는 많은 시간과 관심은 아동의 상상력을 훈련시키는 데 사용할 수 있다. 또한 아동이 경험 속에서 접하게 되는 다양한 교과에 대해 분명하고, 생생하며, 성장하는 이미지들을 지속적으로 형성하도록 하는 데 그런 시간을 사용하고 관심을 기울이는 것이 더 현명하고 적절할 것이다.

3. 나는 이해관심(interest)이 아동의 힘이 성장하고 있음을 나타내는 신호이자 징후라고 믿는다. 또한 이해관심은 아동의 역량이 발달하기 시작했다는 것을 나타낸다. 그러므로 아동의 이해관심을 지속적으로 주의 깊게 관찰하는 것은 교육자에게 가장 중요한 일이다.

이러한 이해관심은 아동이 발달의 어떤 단계에 도달했는지 보여준다.

그리고 아동이 이제 막 어떤 단계에 들어가려고 하는지 알려준다.

그러므로 성인은 오직 어린 시절의 이해관심에 대한 지속적이고 공감적인 관찰을 통해서만 아동의 삶 속으로 들어갈 수 있으며, 아동이 어떤 준비가 되었는지, 어떤 학습 자료가 아동의 이해관심이 가장 손쉽게 풍부한 결실을 맺도록 만드는지 알 수 있다.

우리는 이러한 이해관심을 단순히 만족시켜서도 안 되며, 억눌러서도 안 된다. 이해관심을 억누르면 아동을 성인으로 대체하게 되어, 지적 호기심과 기민함(alertness)을 약화시키고, 진취성을 억누르며, 이해관심을 말살시킨다. 그리고 이해관심을 단순히 만족시키면 영구적인 것을 순간적인 것으로 대체하게 된다. 이해관심은 항상 어떤 힘을 나타내는 신호이며, 중요한 것은 이 힘을 발견하는 것이다. 이해관심을 단순히 만족시키면 표면 아래로 더 깊숙이 들어가지 못하고, 진정한 이해관심을 일시적인 변덕과 기분으로 대체하게 된다.

4. 나는 감정(emotion)이 행동에 대한 반사적인 반응이라고 믿는다.

감정에 상응하는 활동을 제외한 채 감정을 고무하거나 각성시키려고 노력하는 것은 정신(mind)을 건강하지 못한, 병적인 상태로 만든다.

우리가 선(善), 진리(眞), 아름다움(美)과 관련하여 행동과 사고의 올바른 습관만 확보할 수 있다면, 감정의 문제는 대부분 자연스럽게 해결될 것이다.

나는 활기 없음과 둔감함, 형식주의와 판에 박힌 틀 다음으로 우리 교육을 위협하는 가장 큰 악(惡)은 감상주의(sentimentalism)라고 믿는다.

행동으로부터 느낌(feeling)을 분리하려 시도하면 반드시 이러한 감상주의를 낳게 된다.

5. 학교와 사회적 진보

나는 교육이 사회를 진보시키고 개혁하는 근본적인 방법이라고 믿는다.

단순히 법률을 제정하거나 특정한 처벌의 위협을 가하는 것, 또는 기계적이거나 표면적인 변화에 의존하는 모든 개혁은 일시적이고 헛된 것이다.

교육은 사회적 의식(consciousness)을 공유하는 과정을 규정한 것이다. 그리고 사회적 의식에 기초하여 개인의 활동을 조정하는 것만이 사회를 개혁하는 확실한 방법이다.

이런 견해는 개인주의적 이상(ideal)과 사회주의적(socialistic) 이상 모두를 적절하게 고려한 것이다. 올바른 생활의 진정한 토대가 특정한 품성(character)의 형성이라는 것을 인정하기 때문에 개인주의적이다. 그리고 올바른 품성이 단지 개인적인 행동수칙 또는 개인적인 사례나 권유에 의해 형성된 것이 아니라, 특정한 형태의 제도적 삶이나 공동체적 삶의 영향으로 형성된 것이라고 본다는 점에서 사회주의적이다. 또한 사회적 유기체가 그것의 한 기관(organ)인 학교를 통해 행위와 관련된(ethical) 결과들을 결정할 수 있음을 인정한다는 점에서도 사회주의적이다.

나는 이상적인 학교에서는 개인주의적인 이상과 제도적인 이상이 조화를 이룬다고 믿는다.

그러므로 교육에 대한 의무는 공동체의 가장 중요한 도덕적 의무이다. 사회는 법과 처벌, 사회적 선동(agitation)과 토론을 통해 다소 무계획적이고 우연적인 방식으로 스스로를 규제하고 형성할 수 있다. 그러나 사회는 교육을 통해 고유의 목적을 세울 수 있고, 고유한 수단과 자원을 조직할 수 있으며, 사회가 움직이기를 바라는 방향으로 명확하고 간결하게 스스로의 형태를 만들 수 있다.

사회가 일단 이러한 방향의 가능성과 그 가능성이 부과하는 의무를 인식한다면, 교육자 개인이 시간, 관심(attention), 돈이라는 자원을 마음대로 사용할 수 있다는 건 상상조차 할 수 없을 것이다.

교육에 관심이 있는 모든 사람은 사회적 진보의 가장 중요하고 실질적인 관심사가 학교라야 한다고 강력히 주장해야 한다. 그리고 학교가 나타내는 것을 실현할 수 있게끔 사회가 깨어 있도록 개혁해야 한다. 또한 교육자가 자신의 과업을 적절하게 수행할 수 있게끔 사회가 충분한 장비를 제공해야 한다는 것을 깨우치도록 해야 한다.

이와 같이 이해된 교육은 인간의 경험 속에서 상상할 수 있는,

학문과 예술의 가장 완벽하고 친밀한 조합을 나타낸다.

인간이 가진 힘(powers)에 형태를 부여하고, 그 힘을 사회적인 활동에 맞추어 조정하는 것은 최고의 예술이다. 그리고 그러한 활동에 참여하는 것은 최고의 예술가에게만 허락되는 소명이다. 통찰력, 공감능력, 기지(tact), 실행능력을 조금도 가지고 있지 않은 예술가가 그러한 활동을 한다는 것은 말도 안 되기 때문이다.

성장의 개별적인(individual) 구조와 법칙에 대한 통찰을 더해 주는 심리학적 서비스가 성장하고, 올바른 조직에 대한 개인들의 지식을 늘려주는 사회과학이 성장함에 따라 모든 과학적인 자원을 교육의 목적을 위해 활용할 수 있게 되었다.

학문과 예술이 힘을 합칠 때, 인간 행동의 가장 강력한 동기에 도달하게 되고, 그때 인간 행위의 가장 진정한 활력(spring)이 일깨워지고, 인간의 본성이 할 수 있는 최고의 서비스가 보장될 것이다.

마지막으로, 나는 교사가 단순히 학생들을 훈련시키는 사람이 아니라, 올바른 사회적 삶을 형성하는 데 참여하는 존재라고 믿는다.

모든 교사는 자신들의 소명(calling)이 갖는 존엄성을 깨달아야 한다. 교사는 사회를 적절하게 유지하고, 올바른 사회적 성장을 보장하기 위해 사회적으로 고용된 사람들이다.

교사들은 진정한 신의 예언자(prophet)이자 신의 왕국의 안내자이다.

제2장 학교와 사회[1]

1896년 듀이와 부인 앨리스 치프먼 여사가 설립한 실험학교는 8년 남짓 듀이의 지도 아래 있었다. 그러나 '듀이 학교'는 즉시 전 세계에 깊은 영향을 끼쳤다. 듀이는 스스로 실험학교의 홍보 담당자 역할을 했다. 1899년에 했던 '학교와 사회'에 대한 세 차례의 강연은, 실험학교가 체제 파괴적이며 엉망이라는 비판에 대해 논리적으로 반박하고, 학교 운영 기금을 모금하는 것이 주된 목적이었다(시카고 대학교에서 해준 지원이 이름뿐일 정도로 적었기 때문이었다). 그러나 [자신의 교육적] 원칙과 실천에 대한 듀이의 발표는 [듀이 학교라는] 특정한 실험을 정당화하는 것 이상이었다. 그의 강연들은 즉시 실험적 교육, 아동 중심의 교육, 사회 개혁을 향한 교육이라는 '새로운' 아이디어의 가치와 실현 가능성을 확고하게 확립하는 것으로 받아들여졌다. 그의 강연들은 12개의 언어로 번역되었고 이후에는 더 널리 퍼졌으며, 교육에 대한 듀이의 저작들 중에서 가장 폭넓게 읽히게 되었다. 그러나 동시에 가장 혹독한 비판을 받기도 했다.

---

1) [원주] Chicago : The University of Chicago Press, 1899. copyright 1900 by John Dewey. Chapter I, II, III.

1. 학교와 사회적 진보

우리는 흔히 학교를 교사와 학생 간의 어떤 것, 아니면 교사와 학부모 간의 어떤 것이라는 개인주의적인 관점으로 봅니다. 그리고 자연스럽게 우리가 알고 있는 개별 아동의 발달에 가장 관심을 기울입니다. 즉, 우리는 개별 아동의 정상적인 신체 발달, 읽기·쓰기·셈하기 능력의 발달, 지리학과 역사 지식의 증가, 예절 수준의 향상, 신속함과 정리정돈, 근면성을 습관화했는지에 대해 관심을 가집니다. 그리고 우리는 이와 같은 것을 기준으로 학교가 해야 할 일을 판단합니다. 물론 당연히 그래야 합니다. 하지만 관점의 폭을 넓힐 필요가 있습니다. 공동체는 가장 훌륭하고 현명한 부모들이 자신의 아이들에게 원하는 것을 모든 아이에게 원해야 합니다. [이를 제외한다면] 학교에 대한 어떤 다른 이상(ideal)도 편협하고 매력적이지 않습니다. 그리고 그에 따라 행동하면 우리의 민주주의는 파괴될 것입니다.

미래의 사회 구성원들은 학교라는 대행 기관(agency)을 통해 그 사회가 이룩해 놓은 모든 것을 마음껏 이용할 수 있습니다. 따라서 미래의 사회는 새로운 가능성을 통해 실현하고자 하는 모든 더 나은 생각을 자유롭게 이용할 수 있습니다. 여기에서 개인주의와 사회주의가 만납니다. 사회는 사회를 구성하는 모든 개인이 충분히 성장할 수 있도록 할 때만 사회에 충실할 수 있기 때문입니다. 그리고 사회가 자신의 방향을 만들어가는 과정에서 학교만큼 중요한 것은 아무것도 없습니다. 만(Mann)이 이야기한 것처럼 '어떤 것이 성장하고 있는 곳에서는 한 명의 형성자가(fromer)

천 명의 개혁자만큼이나 가치가 있기' 때문입니다.

    교육에서 새로운 움직임에 대한 논의를 생각할 때는 항상 더 넓은 관점, 또는 사회적인 관점을 가져야 합니다. 그렇지 않을 경우, 학교 제도와 전통에서 나타나는 변화는 특정한 교사들이 자의적으로 만들어낸 것으로 보일 것입니다. 최악의 경우에는 특정한 교사들이 일시적으로 변덕을 부리는 것처럼 보일 것이고, 기껏해야 너무 관례적인(customary) 수준이라서 변화라고 할 수도 없는 특정한 세부사항을 개선한 것처럼 보일 것입니다. 그것은 [사회적으로 더 넓은 의미를 갖는] 전차나 전신(電信)을 사적인(personal) 도구라고 여기는 것과 같습니다. 교육의 방법과 교육과정이 계속 수정되고 변경되는 것은, 산업 양식과 상업 양식에서의 변화처럼, 변화된 사회적 상황의 산물입니다. 또한 그것은 새롭게 형성되고 있는 사회의 요구에 부응하려는 노력을 나타냅니다.

    따라서 여러분이 '새로운 교육'이라 부르는 것을 사회 내에서 일어나는 더 커다란 변화의 측면에서 생각하려고 노력하기를 바랍니다. '새로운 교육'을 사회 내에서 일반적으로 진행되는 사건들과 연결할 수 있습니까? 만약 그렇게 할 수 있다면, 새로운 교육은 고립에서 벗어나게 될 것입니다. 그리고 특정한 교사의 지나치게 기발한 생각에서부터 새로운 교육이 진행되지도 않을 것입니다. 새로운 교육은 전체적인 사회적 진화의 부분으로, 적어도 사회의 일반적인 특징 속에서 필연적인 것으로 나타나게 될 것입니다.

    그럼, 사회적 움직임의 중요한 측면에 대해 질문을 던져봅시다. 그리고 난 후에 학교가 그러한 움직임을 따라가고자 노력한다는 증거를 찾기 위해 학교로 눈을 돌려봅시다. 모든 분야를 다 다루는 것은 불가능하기 때문에, 주로 근대 학교에서 나타나는 하나의 전형적인 것─수공 훈련(manual training)이라는 이름으로 추진되는 것─에 국한하여 논의를 전개할 것입니다. 만약 그것이 변화된 사회적 조건들과 관계가 있다면, 다른 교육적 혁신도 사회적 조건의 변화와 관련되어 있다는 것을 인정할 준비가 되어 있기를 바라면서 말입니다.

문제가 되고 있는 사회적 변화들에 대해 상세하게 이야기하지 않는 것에 대해 미안해 하지 않겠습니다. 왜냐하면 언급해야 할 것이 너무 많기 때문입니다. 첫 번째로 염두에 둘 변화는 산업적인 변화─거대한 규모와 저렴한 비용으로 자연의 힘을 이용해 왔던 위대한 발명품들을 낳은 과학의 적용─입니다. 이것은 가장 중요한 변화이며, 심지어 다른 모든 변화를 좌우합니다. 이는 생산의 대상으로서 세계적인 시장의 성장, 이 시장에 상품을 공급하기 위한 거대한 제조업체의 성장, 그 모든 부분 간의 의사소통과 유통을 위한 값싸고 신속한 수단의 발달을 의미합니다.

이러한 변화는, 미미한 시작에서부터 따져보아도 1세기도 채 되지 않았습니다. 가장 중요한 산업적 변화들 중 많은 것이 단기간 내에 이루어졌습니다. 어떤 사람은 하나의 혁명이 그렇게 빨리, 그렇게 광범위하고 완전하게 일어났다는 것을 믿지 못할 수도 있습니다. 그러한 산업적 변화 때문에 지구의 표면, 심지어 지구의 물리적 형태마저 바뀌고 있습니다. 정치적 경계선은 종이 지도 위에 그려진 선에 지나지 않는 것처럼 사라지고 움직였습니다. 인구는 빠른 속도로 도시로 모여들었고, 생활 습관은 놀라울 정도로 비약적으로, 철저하게 바뀌었습니다. 또한 자연의 진리에 대한 연구가 끝없이 고무되고 촉진되었으며, 진리를 삶에 적용할 수 있게 되었을 뿐만 아니라 그렇게 하는 것이 상업적으로 필요해졌습니다. 심지어 우리의 본성 깊숙한 곳에 자리하고 있기 때문에 가장 보수적인 성격을 갖는 도덕적·종교적 생각과 관심사조차도 커다란 영향을 받았습니다. 그러므로 이러한 혁명이 형식적이고 피상적인 방식으로 교육에 영향을 끼친다는 것은 상상할 수 없습니다.

공장 시스템 이전에는 가계와 지역사회가[2] 있었습니다. 산업사회에서 이루어지던 모든 전형적인 일(occupation)을 가계가 수행하던 때를 찾아보려면 여기 있는 우리들 중 누군가가 1세대, 2세대, 최대한 3세대 전으로만 돌아가면 됩니다. 그 당시에는 옷을 대부분 집에서 만들었습니다. 뿐만 아니라, 가계의 구성원들은 양털을 깎고, 빗질하여 실을 잣고, 베틀을 다루는 데 익숙했습니다. 버튼을 눌러 전등에 빛이 들어오게 하는 대신에, 동물을 도살하여 기름을 얻는 것부터 심지와 양초를 만들기까지 힘든 과정을 통해 빛을 얻었습니다. 밀가루, 목재(木材), 식량, 건축재, 집 안의 가구, 심지어 금속품, 못, 돌쩌귀, 망치까지도 가까운 지역사회, 자주 들를 수 있는 [동네] 상점, 종종 지역사회 모임의 중심지에서 공급되었습니다. 그리고 원자재를 생산하는 것에서부터 완성된 물품이 실제로 사용될 때까지, 산업의 전 과정은 공개되어

---

[2] [역주] 여기에서는 household를 가계로, neighborhood를 지역사회로 번역했다. 이 맥락에서는 가정이나 이웃 모두 단순히 혈연적인 가족이나, 한 사람으로서의 이웃이라기보다는 경제적·사회적인 의미로 사용되었기에 '가계'와 '지역사회'로 번역했다.

있었습니다. 뿐만 아니라, 실제로 가계의 모든 구성원은 그러한 작업에서 자신만의 역할(share)을 가지고 있었습니다. 아이들은 힘과 역량을 갖게 되면서 여러 가지 신비한 과정에 점차 입문하게 되는데, 실질적으로 참여하는 단계에 이를 때까지는 직접적이고 사적으로 관심이 있는 일부터 시작합니다.

우리는 실질적인 참여와 관련이 있는 훈육 및 품성 형성의 요소 — 정리정돈과 근면성의 습관화, 책임감에 대한 생각, 이 세상에서 어떤 일을 하고 무언가를 생산해야 할 의무에 대해 생각하는 훈련 — 들을 간과해서는 안 됩니다. 항상 실제로 해야 할 무언가가 있었고, 가계 구성원들이 각자의 몫을 충실하게, 그리고 다른 사람들과 협력하여 수행하는 것이 실제로 필요했습니다.

개인성(personality)은 행동 속에서 효력이 발휘되며, 행동을 매개로 하여 길러지고 검증됩니다. 다시 말하지만, 교육의 목적을 고려할 때 우리는 사물과 실제 재료를 처리하는 과정에서 자연으로부터 얻은 지식의 중요성을 간과해서는 안 됩니다. 실제 사물과 재료의 사회적 필요성과 용도에 대한 지식도 마찬가지입니다. 이 모든 것 속에서 관찰, 독창성, 구성적 상상, 논리적 사고, 실제와의 직접적인 접촉을 통해 얻게 되는 현실감에 대한 지속적인 훈련이 이루어집니다. 가정 내의 실 잣기와 옷감 짜기, 제재소, 제분소, 나무통 만드는 가게, 대장간은 지속적으로 교육적 힘을 발휘했습니다.

정보를 제공하기 위해 실물교수(object-lesson)[3]라는 것이

---

3) [역주] 추상적이고 언어 중심적인 전통적 교육방법에 반대하여 등장한 것으로, 실물 대상(object)을 활용하여 아동이 직접적인 경험을 통해 개념과 지식을 획

만들어졌지만, 아무리 많은 실물교수도 농장과 정원의 동식물과 더불어 살면서 획득한 지식의 대용품, 아니 그 그림자조차도 제공할 수 없습니다. 학교는 아이들을 훈련시키기 위해 도입되었지만, 학교에서는 감각기관들이 민첩함과 생동감을 갖추도록 하는 훈련을 시작할 수 없습니다. 민첩함이나 생동감은 친숙한 일 속에서 일상적인 친밀감과 이해관심을 통해 배울 수 있기 때문입니다. 언어적 기억력은 과제를 충실히 하는 과정에서 훈련될 수 있으며, 추론 능력은 과학과 수학 수업을 통해 얻을 수 있습니다. 그러나 이것은 진정한 동기를 가지고, 눈앞에 실제 결과물을 보면서 어떤 것을 [직접] 하는 과정에서 훈련되는 주의력과 판단력에 비하면, 어쨌거나 좀 동떨어져 있고 불분명한 훈련이라고 할 수 있습니다.

오늘날, 산업이 집중되고 노동력이 분화되면서 가계와 지역사회에서 일(occupation)이 점점 사라지고 있습니다. 적어도 교육적 목적에 있어서는 그렇습니다. 그러나 한탄만 하면서 일이 다시 돌아오기를 기대하는 것은 아무 소용이 없습니다. 아이들이 겸손하고, 어른을 공경하며 복종하던, 좋았던 옛 시절이 지나간 것을 한탄만 하는 것은 아무런 소용이 없다는 뜻입니다.

근본적인 조건들이 변했기 때문에 교육에서도 똑같이 근본적인 변화가 충분히 이루어져야 합니다. [먼저 사회적 변화와 관련해] 우리가 받은 보상을 인정해야 합니다. 관용이 증가했고, 사회적 판단의 폭이 넓어졌으며, 인간의 본성에 대한 지식이 더 많아

득할 수 있도록 하는 교수법이다. 이는 페스탈로치의 자연주의적, 실재론적 교육철학을 반영하고 있으며, 이후 진보주의 교육 및 몬테소리의 아동 교육에도 큰 영향을 끼쳤다.

졌습니다. 품성(character)을 나타내는 신호를 읽고 사회적 상황을 해석하는 데 있어서 더욱 예리해졌으며, 서로 다른 개성에 더 정확하게 적응할 수 있게 되었고, 상업적 활동을 더 많이 접하게 되었습니다. 이러한 상황은 오늘날 도시에서 자라는 아이들에게는 매우 큰 의미를 가집니다. 그러나 아직 "어떻게 하면 우리가 이러한 이점들(advantages)을 유지할 수 있을 것인가? 그리고 앞으로 삶의 다른 측면을 — 사적인 책임을 요구하고, 삶의 물리적 실재와 관련하여 아동을 훈련시키는 일 — 어떻게 학교에 도입할 것인가?"라는 진짜 문제가 남아 있습니다.

학교로 돌아가서 살펴보면, 현재 가장 두드러진 경향 중의 하나가 이른바 수공 훈련(manual training), 즉 작업실에서 하는 일, 바느질, 요리 같은 가정학을 도입한 것임을 발견할 수 있습니다.

수공 훈련은 이전에는 가정에서 훈련시키던 것을 이제 학교가 해주어야 한다는 의식을 가지고 '의도적으로' 행해진 것은 아닙니다. 그보다는 수공 작업이 학생들에게 필연적으로 영향을 끼친다는 것을 알게 되었기 때문입니다. 즉, 수공 작업이 다른 방식으로는 얻을 수 없는 무엇인가를 제공한다는 것을 본능적으로, 그리고 실험을 통해 발견한 것입니다. 바느질, 요리와 같은 작업은 그 작업의 진정한 의미에 대한 인식이 약해서 종종 무성의하고, 혼란스럽게, 서로 관련 없는 방식으로 행해지고 있습니다. 또한 그러한 작업들을 위해 제시된 근거도 매우 부적절하며, 때로는 명확히 잘못된 근거가 제시되기도 합니다.

학교에 바느질, 요리와 같은 작업을 도입하는 것에 호의적인 사람들에게 물어봅시다. 그들은 아동의 자발적인 관심과 주의를 끌기 때문에 그런 작업을 학교에 도입해야 한다고 주장합니다. 그런 작업은 아이들을 수동적이고 수용적으로 만들지 않고 초롱초롱하고 활동적인 상태로 유지시킵니다. 그리고 아이들이 더욱 쓸모 있고 유능한 사람이 되도록, 그래서 가정에 더욱 도움이 될 수 있도록 만듭니다. 또한 나중에 해야 할 삶의 의무와 관련하여 아이들을 어느 정도 준비시키기도 합니다. 여자아이들은, 실제로 요리사와 재봉사가 안 된다고 해도 유능한 가정주부가 되도록, (우리의 교육 시스템에서 직업학교로 보낼 유일하게 적절히 성숙시킨) 남자아이들은 미래에 갖게 될 직업을 위해 준비시키는 것입니다. 저는 아이들의 관심과 주의를 끌 수 있다는 것, 미래 직업에 대해 준비시킨다는 것을 낮게 평가하지 않습니다. 아이들의 변화된 태도에 대해서는 다음 강연에서 학교와 아이들의 관계에 대해 논할 때 이야기하겠습니다.

그런데 전체적으로 보면, 그런 관점은 지나치게 협소합니다. 우리는 나무와 금속을 가지고 하는 작업, 옷감 짜기와 바느질, 요리를 별개의 학문이 아니라 삶의 수단으로 생각해야 합니다. 옷감 짜기, 바느질하기, 요리하기 등은 각각의 작업이 갖는 사회적 의의 속에서 바라보아야 합니다. 각각의 작업은 사회가 지속하기 위해 필요한 과정으로서, 아이가 공동체적 삶에 근본적으로 필요한 것이 무엇인지 깨닫게 해주는 수단으로서, 그리고 인간의 성장하는 통찰력과 독창성이 필요를 충족해 온 방식으로서 이해해야 합니다. 즉, 우리는 학교를 강의내용을 배우기 위해 만든 공간이 아니라, 살아 있는 진정한 공동체적 삶을 영위하게 해주는 수단으로 보아야 합니다.

사람들은 공동의(common) 방식에 따라 공동의 정신으로, 공동의 목적과 관련하여 움직이기 때문에, 사회는 결합되어 있는 수많은 사람들이라고 할 수 있습니다. 공동의 요구와 목적이 있기 때문에 서로의 생각을 자주 교환하고, 더 많이 공감할 수 있습니다. 현재 학교가 자연스러운 사회적 통일체로 조직될 수 없는 이유는 학교에 공동의 생산적인 활동이 없기 때문입니다. 놀이와 운동경기에 있어서 운동장이 그런 것처럼, [공동의 생산적인 활동이 있는 곳에서] 사회적 조직은 자발적이고 필연적으로 생겨납니다. 사회적 조직은 해야 할 일과 수행해야 할 활동이 있기 때문에 노동력의 자연스러운 분화, 이끌어가는 사람과 따르는 사람의 선발, 상호 협동과 경쟁을 요구합니다. [그러나] 학교교실은 사회적 조직의 동기와 결속력(cement)이 둘 다 부족합니다. 윤리적인 측면에서 볼 때, 오늘날 학교의 비극은 사회적 정신이 현저히 부족한 매개체를 통해 사회의 미래 구성원들을 준비시키려고 애쓴다는 점입니다.

일(occupations)이 학교생활에서 확실한 중심을 차지함에 따라 발생하는 변화를 말로 설명하기란 쉽지 않습니다. 그것은 동기, 정신, 분위기의 차이로 나타납니다. 어떤 사람이 아이들이 음식을 준비하느라 분주한 주방에 들어간다면, 아이들이 나타내는 심리학적 차이 때문에 상당한 충격을 받을 것입니다. 왜냐하면 수동적이고 기운 없이 받아들이는 태도와 규제에서 벗어나 기운 넘치고 사교적인 에너지를 내뿜는 아이들을 볼 것이기 때문입니다. 학교가 엄격한 곳이라고 생각한 사람에게는 아이들의 변화가 확실히 충격적일 것입니다.

사회적 태도에서도 똑같이 뚜렷한 변화가 나타납니다. 사실과 진리만을 단순히 흡수하는 것은 지극히 개인적인 일이기 때문에 아주 자연스럽게 이기심으로 변하는 경향이 있습니다. 단순한 학식 습득에는 뚜렷한 사회적 동기가 없습니다. 그리고 [개인적으로] 학식을 성공적으로 습득한다고 해서 사회에 이득을 가져오는 것도 아닙니다. [이 경우] 성공에 대한 거의 유일한 척도는 부정적인 의미에서 경쟁적인 것 — 다른 사람들을 앞질러서 정보를 모으고 축적했는지 알아보기 위해 암송 결과나 시험 결과를 비교하는 것 — 입니다. 그래서 학교에서 아이가 과제를 하면서 다른 친구를 돕는 것이 잘못이 되는 분위기가 만연하게 됩니다. 자연스러운 협동과 유대가 아니라, 수업을 듣고 상호조력[4]만 하는 학교는 이웃에 대한 의무를 은밀하게 제외하려고 하는 것과 다를 바 없습니다.

[반면] 활발한 작업이 계속되는 학교에서는 도움을 받는 사람을 무력하게 만드는 방식으로 동정심을 발휘하지 않습니다. 도움을 받는 사람이 힘을 자유롭게 사용할 수 있도록 해주고, 사기를 북돋워줍니다. 그리고 자유로운 의사소통의 정신, 즉 생각을 교환하고 제안하며, 이전의 경험과 성공과 실패를 공유하는 정신이 암송(recitation)을 지배하는 주된 특징이 됩니다. 여기에 만약 경쟁이 개입한다면, 사적으로 흡수한 정보량이 아니라, 그가 행한 작업의 질로 비교될 것입니다. 즉, 진정한 공동체적 가치를 기준으로 비교될 것입니다. 학교에서의 삶은 비공식적이지만 파급력

---

4) [역주] 이 맥락에서 '서로 돕는다'는 의미의 상호조력(mutual assistance)은 부정적인 의미로 사용되었다. 서로 돕는다는 의미는 일반적으로는 좋은 것이지만, 여기에서는 '내가 너를 도우면 너도 나를 도와야 한다'는 의미의 타산적인 상호성을 내포하고 있는 것으로 보인다.

있는 방법으로 사회적 토대에 기초하여 조직됩니다.

이러한 조직에서 학교의 훈육(discipline)이나 질서(order)의 원칙을 발견할 수 있습니다. 물론, 질서는 목적에 따라 상대적입니다. 만약 40~50명의 아이가 선생님 앞에서 암송해야 할 정해진 수업내용을 배우도록 해야 한다는 목적을 가지고 있다면, 여러분은 그러한 결과를 보장하는 데 전념하는 훈육을 할 것입니다. 그러나 여러분이 사회적 협동 정신과 공동체 생활의 정신을 발달시키려는 목적을 가지고 있다면, 사회적 협동 정신과 공동체 생활의 정신과 관련하여 훈육을 해야 합니다.

사물을 만드는 곳에는 질서라고 할 만한 것이 거의 없습니다. 모든 작업장은 어수선하고 혼란스럽습니다. 침묵이 없으며, 사람들은 정해진 자세를 유지하는 데 신경을 쏟지 않습니다. 그들의 팔은 접혀 있지 않으며, 책을 특정한 방식으로 들고 있지도 않습니다. 사람들은 다양한 일을 하고 있으며, 거기엔 활동으로 인해 생겨나는 혼란, 부산함이 있습니다.

그러나 일(occupation)을 하거나 결실을 만들어내기 위해 활동을 할 때, 그리고 이러한 활동을 사회적이고 협동적인 방식으로 할 때는 고유한(own) 훈육이 이루어집니다. 우리가 이런 관점을 가지면 학교의 훈육에 대한 우리의 생각이 깡그리 바뀌게 됩니다. 우리는 모두 결정적인 순간에 우리 곁에 남을 유일한 훈육, 직관(intuition)이 되는 유일한 훈련은 삶 그 자체를 통해서 이루어지는 것임을 깨닫게 됩니다. 우리가 경험으로부터 배운다는 말, 그리고 다른 사람들의 이야기나 책을 통해 배운다는 것도 *오로지* 경험과 관련될 때만 가능하다는 것은 그냥 하는 말이 아닙니다.

그러나 [현재] 학교는 삶의 일상적인 조건들과 동기들로부터 너무 동떨어져 있고 단절되어 있습니다. 그 결과, 우리가 아이들을 훈육하기 위해 보낸 곳은 모든 훈육의 어머니라고 할 수 있는 '경험'을 얻기 가장 힘든 장소가 되어버렸습니다. 그곳은 단지 전통적인 학교의 훈육이라는, 협소하고 고정된 이미지만이 지배하는 곳입니다. 그리고 무언가를 구성하는 작업을 하면서 일부 역할을 담당하는 과정에서 이루어지는 더욱 깊고 넓은 훈육을 간과하는 위험에 빠져 있습니다. 그러한 구성적인 작업은 아직 명확하고 확실한 형태―책임을 요구할 수 있고 정확한 판단을 내릴 수 있는 형태―는 아니지만, 정신적인 면에서 사회의 어떤 산물에 기여합니다.

다양한 형태의 활동적인 일을 학교에 도입하는 것과 관련하여 명심해야 할 것은, 그러한 일들을 통해 학교의 정신(spirit)이 전체적으로 새로워진다는 것입니다. 학교는 단순히 미래의 생활과 관련하여 추상적이고, 현재와 동떨어진 수업내용을 배우는 장소가 아닙니다. 학교는 아동이 삶과 관계를 맺으면서 살아가는 곳이자, 교사의 안내를 받으면서 생활을 통해 배우는 곳입니다. 또한 학교는 공동체의 축소판, 초보적인 사회이기도 합니다. 이것은 근본적인 사실이며, 이로부터 가르침의 지속적이고 질서 있는 원천이 생겨납니다.

앞서 기술한(described) 산업체제하에서, 아이들은 다른 사람들과 공유하기 위해서가 아니라 생산물을 얻기 위해 작업을 함께 했습니다. 따라서 실제적인 교육적 결과를 얻기는 했지만, 이는 우연적이고 의존적(dependent)인 것이었습니다. 그러나 전형적인 일들(occupations)이 이루어지는 학교는 모든 경제적인 압력으로부터 자유롭습니다. 생산물의 경제적 가치가 아니라 사회적 힘과 통찰력을 발달시키는 것이 목적이기 때문입니다. 또한 그러한 학교는 효용이라는 협소한 가치로부터 벗어납니다. 예술을 소중히 여기고 과학과 역사를 중심에 두는 학교에서 이루어지는 활동들은 인간 정신의 가능성을 열어젖힙니다.

우리는 지리학에서 모든 학문(sciences)의 통일을 발견할 수 있습니다. 지리학이 중요한 이유는 지구를 인간이 하는 일들의 지속적인 근원(home)으로 나타내기 때문입니다. 인간의 활동과 관계가 없는 세계는 결코 세계라고 할 수 없습니다. 지구에 있는 근원과 분리된 인간의 산업과 성취는 결코 어떤 감상(sentiment)도 명목도 될 수 없습니다.

지구는 모든 인간의 양식(food)에 대해 최종적인 근원지가 됩니다. 지구는 인간의 지속적인 피난처이자 보호물이며, 인간의 모든 활동의 원재료이고, 인간적이고 이상적인 것을 성취하는 사람이 되돌아가는 고향입니다. 지구는 거대한 들판이자 광산이며, 열·빛·전기 에너지의 거대한 원천입니다. 그리고 대양, 개울, 산, 평원, 일부 요소를 제외한 모든 농업과 광업, 제재업, 모든 제조업체와 유통업체를 나타내는 거대한 풍경입니다. 인류는 환경에 의해 정해진 일들(occupations)을 하면서 역사적·정치적으로 진보해 왔습니다. 우리는 일을 하면서 자연을 지적·정서적으로 더욱 잘 이해할 수 있었습니다. 우리는 세계 속에서, 세계와 더불어 행하는 것을(what we do) 통해 일의 의미를 이해하고 그 가치를 측정할 수 있습니다.

교육적인 측면에서, 이것은 학교에서 이러한 일들을 할 때 단순히 일상적으로 회사에서 일하는 방식으로 이루어지거나 실제적인 도구가 되어서는 안 된다는 것을 뜻합니다. 또한 요리사, 재봉사, 목수로서 더 나은 기술을 획득하기 위한 수단이 되어서도 안 됩니다. 학교에서 일들은 자연의 재료와 과정들에 대한 과학적인 통찰이 활발하게 이루어지는 중심이 되어야 하고, 아이들이 인간의 역사적인 발전을 실현해 나가는 출발점이 되어야 합니다. 일반적인 담론보다는 실제 학교에서 이루어지는 작업의 실례를 보면 이 말의 의미를 더 잘 이해할 수 있습니다.

평균적인 지성을 갖춘 방문객은 여자아이들과 10~13세의 남자아이들이 바느질과 뜨개질을 하고 있는 모습을 보면 매우 이상하다고 느낄 것입니다. 만약 남자아이들로 하여금 천 조각을 만들고 단추를 끼우도록 준비시킨다는 관점에서 이를 본다면, 우리는 협소하고 효용에 중심을 둔 생각을 가지고 있는 것입니다. 그러한 생각은 학교에서 이런 종류의 작업을 하는 것이 중요하다는 것을 정당화시켜주지 못합니다. 그러나 다른 측면에서 보면, 이러한 작업이 아동에게 인류가 어떻게 진보해 왔는지를 추적하고 뒤따를 수 있는 출발점을 제공해 준다는 것을 알 수 있습니다. 그러한 작업을 하는 데 사용된 재료와, 관련된 기술적 원리에 대한 통찰력도 얻게 해주면서 말입니다.

인간의 역사적 발전은 이러한 일(occupation)과의 연계 속에서 반복됩니다. 예를 들면, 아이에게 아마(flax), 목화, 양털과 같은 원재료를 줍니다. (만약 우리가 양의 털을 깎는 곳으로 아이들을 데려갈 수 있다면 훨씬 더 좋습니다.) 그 다음에는 각 재료들이 사용되는 용도가 다르다는 관점에서 이 재료들을 가지고 학습이 이루어집니다. 예를 들면, 면섬유와 모섬유를 비교합니다. 저는 모직물 산업에 비해 면직물 산업의 발달이 늦어진 이유가 목화씨앗에서 솜을 손으로 떼어내기가 매우 어렵기 때문이라는 것을 아이들이 말해 주기 전에는 알지 못했습니다.

한 무리의 아이들이 30분 동안 [목화의] 둥근 꼬투리와 씨앗에서 솜을 떼어내는 일을 하여 1온스[5]에 조금 못 미치는 양을 떼어내는 데 성공했습니다. [그 과정을 통해] 아이들은 한 사람이 손으로 하루에 겨우 1파운드[6]의 솜을 목화씨에서 떼어낼 수 있다는 것을 쉽게 믿게 되었습니다. 그리고 그들의 선조들이 왜 면직물로 만든 옷 대신 모직물로 만든 옷을 입었는지를 이해할 수 있었습니다. 또한 모섬유와 비교할 때 면섬유의 길이가 짧다는 것도 모섬유와 면섬유의 상대적인 효용에 영향을 미친다는 것을 알게 되었습니다. 면섬유는 길이가 1인치의 1/10인 반면, 모섬유는 1인치였습니다. 또한 면섬유는 부드럽고 서로 달라붙지 않는 반면, 모섬유는 거칠기 때문에 방적(spinning)을 도와주는 섬유 막대를 만들 수 있었습니다. 아이들은 선생님이 하는 질문과 제안의 도움을 받으면서 재료를 이용해 스스로 이러한 작업들을 해냈습니다.

그러고 나서 아이들은 섬유를 옷감으로 바꾸기 위해 필요한 과정을 진행했습니다. 아이들은 맨 먼저 양털을 빗질하기 위해

---

5) [역주] 온스(ounce)는 야드-파운드법의 질량, 부피의 단위이다. 질량의 경우 oz라는 기호를 사용하여 나타내며, 1온스(oz)는 28.35g이다.
6) [역주] 야드-파운드법의 질량 단위로 1파운드는 16온스, 즉 0.453kg에 해당한다.

틀—양털을 긁어내기 위한 날카로운 핀이 박힌 한 쌍의 판자—을 만들었습니다. 그리고 양모의 방적을 위한 가장 단순한 과정을 창안해 냈습니다. 바로 구멍 뚫린 돌이나 다른 무거운 물체 사이로 양털을 통과시킨 다음, 그것이 빙빙 돌 때 섬유를 뽑아내는 방법입니다. 아이들은 섬유가 점점 빠져나와 휘감길 때까지 손에 양모를 쥐고 있었습니다. 그리고 난 뒤, 아이들은 역사적 순서에 따라 그 다음 발명품을 접합니다. 그리고 특정 산업에서뿐만 아니라, 사회적 삶의 방식에 기초하여 그러한 발명품의 필요성과 효과를 이해하게 됩니다. 이런 식으로 현재의 완전한 베틀이 되기까지 전체적인 과정에 대해 검토합니다. 그리고 우리가 현재 이용할 수 있는 힘을 사용하는 과정에서 과학이 적용된 모든 것을 검토합니다.

저는 아이들에게 이와 관련된 학문—섬유학, 지리학, 원재료가 자랐던 조건들, 거대한 제조와 유통 센터, 생산 기계와 관련된 물리학—에 대해 이야기해 줄 필요가 없습니다. 또한 이런 발명들이 인류 역사에 어떤 영향을 끼쳤는지에 대해서도 말할 필요가 없습니다. 왜냐하면 아마(flax) 섬유, 면섬유, 모섬유가 옷으로 발전하는 과정 속에 인류 역사의 모든 것을 집중시킬 수 있기 때문입니다. [물론] 이것이 유일하다거나 최선의 방법이라는 것은 아닙니다. 다만, 인류의 역사를 고찰하는 매우 사실적이고 중요한 길이 이와 같이 열려 있다는 뜻입니다. 그리고 그렇게 고찰된 인류의 역사는 일반적으로 역사라고 여겨지는, 정치적이고 연대기적인 기록에 나타난 것보다 인류의 정신(mind)에 훨씬 더 근본적이고 지배적인 영향을 끼칩니다.

(물론, 저는 그에 대해 한두 가지 기본적인 이야기만 했지만)

직물에 사용된 섬유라는, 하나의 사례에 있어서 사실이면 [다른] 모든 일에 사용된 재료와, 적용된 절차의 평가에 있어서도 사실일 것입니다. 일(occupation)은 아이에게 진정한 동기를 제공합니다. 경험을 제공해 주고 아이를 실재와 연결해 줍니다. 아이는 일을 역사적 가치를 지닌 것, 그리고 그에 상응하는 학문적인 가치를 지닌 것으로 해석함으로써 [협소하고 공리주의적인 의미로부터] 완전히 해방됩니다(liberalized). 아동의 힘과 지식이 성장하면서, 학교에서의 일은 단순한 즐거움이 아니라 점점 하나의 매개체, 도구, 기관이 됩니다. ― 그리고 그렇게 함으로써 변화됩니다.

또한 섬유를 가지고 옷을 만드는 일을 하는 것은 과학을 가르치는 것과 관련이 있습니다. 현재의 조건에서 모든 활동을 성공적으로 하려면 어느 정도는 과학 전문가의 지시를 받아야 합니다. ― 일은 응용 과학(applied science)의 한 사례입니다. 이러한 연계(connection)가 교육에서 그러한 일이 차지하는 위치를 결정해야 합니다. 이른바 수공(manual) 작업 또는 산업적인 작업이라 불리는 일들은 손과 눈이라는 단순한 장치가 아니라, 그러한 일들을 조명하고 그 일들을 의미 있는 재료로 만드는 과학을 소개할 기회를 제공합니다.

뿐만 아니라 [그러한 일을 통해] 획득한 과학적 통찰은 근대 사회의 삶에 자유롭고 활발하게 참여하는 데 필수적인 도구가 됩니다. 플라톤(Plato)은 어디에선가 노예란 행동을 통해 자신의 생각이 아니라, 다른 사람의 생각을 나타내는 사람이라고 이야기했습니다. 어떤 작업을 하는 사람이 그 일의 방법과 목적을 알고 그 일에 대해 이해하고 있어야 한다는 것, 그가 하는 활동이 스스로에게 의미 있는 것이어야 한다는 것은 플라톤이 살던 시대보다 오늘날 우리 사회에서 훨씬 절실한 문제라고 할 수 있습니다.

학교에서 하는 일들(occupations)을 이처럼 폭넓고 관대한 방식으로 이해할 때, 저는 그런 일들이 물질주의적이고 공리주의적이기 때문에, 심지어 천박한 경향이 있기 때문에 학교에 맞지 않는다는 식의 반대 주장에 기가 막힐 뿐입니다. 저는 때때로 이와 같이 반대하는 사람들이 [우리와는] 아주 딴 세상에 사는 것처럼 여겨집니다. 우리들 대부분이 사는 세계는 모든 사람이 소명(calling)과 직업, 즉 해야 할 일을 가지고 있는 세계이기 때문입니다. 이 세계에서 어떤 사람들은 관리자이고, 다른 사람들은 부하직원들입니다.

하지만 한 사람이 다른 사람들과 마찬가지로 위대한 이유는, 각자가 자신이 매일 하는 일에 커다란 인간적인 의의가 있다는 것을 이해할 수 있도록 교육을 받아왔기 때문입니다. 오늘날 얼마나 많은 노동자가 그들이 작동시키는 기계의 부속물이 되었습니까! 그 이유는 어느 정도는 기계 그 자체 때문일 것이고, 그게 아니라면 기계의 생산물에 아주 많은 비중을 두는 시스템 때문일 것입니다. 그러나 틀림없이 대부분은 노동자가 작업에서 발견할 수 있는 사회적이고 과학적인 가치들에 대해 그의 상상력과 공감적인 통찰력을 발달시킬 기회를 갖지 못했기 때문입니다.

현재, 학교에서는 산업 시스템을 기반으로 하는 충동들(impulses)이 간과되거나 왜곡되어 있습니다. 무언가를 만들고 생산하는 본능을 아동기와 유년기에 체계적으로 이용할 때까지, 그러한 본능이 사회적인 방향에서 훈련되고, 역사적인 해석에 의해 강화되며,

과학적인 방법에 의해 통제되고 분명하게 밝혀질 때까지, 우리는 현재 우리 사회의 경제적 폐해가 어디에서 기원하는지 알아낼 수 있는 처지가 아닙니다. 더구나 그러한 것을 효과적으로 처리할 수 있는 처지는 더더욱 아닙니다.

몇 세기 전까지만 해도 학습(learning)은 [특정 집단이] 독점하고 있었습니다. 그리고 배운다는 것은 행복한 일이었습니다. 학습은 특정 계층의 일이었기 때문입니다. 이는 사회적 조건들이 낳은 필연적인 결과였습니다. 일반 대중은 지적 자원에 접근할 수 있는 어떤 수단도 존재하지 않았습니다. 지적 자원은 필사본의 형태로 축적되고 감추어졌습니다. 이마저도 기껏해야 몇 개뿐이었고, 그것들을 이용해 어떤 것을 하려면 오랜 시간 힘겨운 준비가 필요했습니다. 진리의 보고(treasury)를 지키고, 엄격한 규제하에서 대중들에게 그것을 조금씩 나눠 주었던 고귀한 사제들의 사례를 보면 알 수 있습니다.

그러나 산업혁명이 일어난 뒤 상황이 달라졌습니다. 인쇄술이 발명되었고, 점차 상업적이 되었습니다. 책, 잡지, 신문의 양이 증가했으며 값은 저렴해졌습니다. 전차와 전신은 우편과 전기를 통해 저렴한 비용으로 더욱 자주 빠르게 의사소통을 할 수 있도록 해주었습니다. 여행하기가 쉬워졌고, 생각을 자유롭게 교환할 수 있게 되었을 뿐 아니라 이동의 자유도 무한히 커졌습니다. 그 결과 지적 혁명이 이루어졌으며, 학습은 널리 확대되었습니다. 탐구(inquiry)라는 특별한 일을 하는 특정 계층이 여전히 존재하고, 아마 항상 존재할 테지만, [다른 계층과] 구별되는 학습을 받는 계층은 이제부터 있을 수 없습니다. 계층별로 구별하여 학습을 한다는 생각은 시대착오적인 것이 되었습니다. 또한 지식은 더 이상 고정된 것이 아니라, 유동적인 것이 되었습니다. 지식은 사회의 모든 흐름 속에서 활발하게 움직이고 있습니다.

지식의 재료(material)와 관련된 혁명으로 인해 개인의 태도가 뚜렷하게 변한다는 것을 이해하기는 쉽습니다. 지적 자극은 다방면에서 우리에게 영향을 끼치기 때문입니다. [이제] 단순히 지적인 삶, 학문하는 삶, 학습하는 삶이 갖는 의미는 매우 달라졌습니다. 학술적이고 학문적인 것은 명예가 아니라 불명예를 나타내는 말이 되었습니다.

이 모든 것은 우리가 충분한 힘을 실현하지 못하고 있는, 학교의 필연적인 변화를 의미합니다. [현재] 우리의 학교가 사용하는 방법과 교육과정 중 많은 부분은 특정한 상징을 학습하고 구사할 수 있는 능력을 매우 중시했던 시대로부터 물려받은 것입니다. 당시에는 그것들이 학습에 대한 유일한 접근법으로 제시되었습니다. 대부분이 통제(control)를 이상(ideals)으로 여겼으며, 심지어는 방법과 학문이 변화하고 있는 곳에서조차 그러했습니다. 때때로 수공 훈련, 예술, 과학을 초등학교, 심지어 중등학교에 도입하는 것조차 폭넓고 자유로운 교양을 기르는 우리의 현재 제도를 손상시키는, 특정 분야의 전문가를 낳는다는 이유로 반대되었습니다. 그러나 수공 훈련, 예술, 과학을 도입해도 우리의 현재 제도가 손상되지 않는 경우가 종종 있다면 이러한 반대 의견이 터무니없다는 것이 증명될 것입니다.

[오히려] 고도로 특수화되고, 일방적이고, 협소한 것은 현재 우리의 교육입니다. 현재 우리의 교육은 중세의 학습 개념이 거의

지배하고 있습니다. 그것은 효용의 형태든 예술의 형태든 간에 무언가를 만들고, 행하고, 창조하고, 생산하려는 우리의 충동과 성향이 아니라, 우리의 본성 중 지적인 측면, 즉 배우고 정보를 축적하고 학습의 상징들을 이해하려는 욕구에 호소하고 있습니다. 수공 훈련, 예술, 과학이 기술적이고, [특수한 분야에만 정통한] 단순한 전문가주의(specialism)로 나아간다는 이유로 반대하는 바로 그것이, 현재의 우리 교육이 특수한(specialized) 목적을 추구하고 있다는 것을 보여주는 훌륭한 증거입니다. 만약 교육이 배타적으로 지적인 것만 추구하지 않았거나 지적인 학습을 교육과 동일하게 여기지 않았다면, 수공 훈련, 예술, 과학과 같은 모든 재료와 방법들은 매우 환영받았을 것이기 때문입니다.

[현재 우리 교육에서는] 학습에 참여하는 사람들을 위한 훈련이 교양으로, 즉 자유교양교육(liberal education)[7]으로 간주됩니다. 동시에 기계공, 음악가, 변호사, 의사, 농부, 도매상이나 철도 관리자를 위한 훈련은 전적으로 기술적이고 직업적인 교육으로 여겨집니다. 그 결과, 우리는 어디에서나 우리를 '교양 있는' 사람과 '노동자들'로 분리하고, 이론과 실제를 구분하여 이해합니다. 전교생 100명 중 1명도 우리가 고등 교육[8]이라 부르는 것을

---

7) [역주] liberal education은 일반적으로 '자유교육' '교양교육'으로 번역되며, 직업교육이나 전문교육에 대비되는 의미로 사용된다. 고대 그리스에서는 직업과 전문적인 기술을 위한 교육이 아니라는 점에서 자유인에게 적합한 교육이라는 의미를 살려 '자유 교육'이라 불렀다. 그리고 현대에 와서는 모든 시민을 대상으로 하여 교양인으로서 소양을 갖추도록 하는 교육을 의미하는 '교양 교육'이라고 사용되기도 한다. 이 책에서는 이 둘의 의미를 모두 반영하여 '자유교양교육'으로 번역했다.

8) [역주] 학교 교육의 최종 단계로서 보통 전문대학 이상(전문대학, 대학, 대학원

받기 어렵습니다. 100명 중 5명만이 고등학교에 가고, 절반보다 훨씬 많은 수가 초등학교 5년을 마치거나 아니면 그마저도 마치지 못합니다. 이는 대부분의 사람들은 지적 이해관심(interest)을 특별히 더 많이 갖고 있지 않다는 것을 의미합니다. 대부분의 사람들은 이른바 실제적인 충동과 성향을 가지고 있습니다. 또한 천성적으로 지적 흥미가 강한 사람들 중 많은 이들이 사회적 조건들 때문에 자신의 이해관심을 적절하게 실현하지 못합니다. 결과적으로 아주 많은 수의 학생이 기초적인 것을 배우자마자, 즉 살아가는 데 실제로 쓸모가 있는 읽기, 쓰기, 셈하기를 충분히 배우자마자 학교를 떠납니다.

 교육계의 지도자들은 교양, 인성의 발달 등이 교육의 목적과 목표라고 이야기합니다. 그러나 학교에서 수업을 받은 많은 수의 학생은 교육을 단지 삶을 살아가는 데 충분한 빵과 버터를 얻기 위한, 협소하고 실제적인 도구라고 생각합니다. 만약 교육의 목적과 목표를 덜 배타적으로 이해한다면, 그리고 무언가를 하는 것(to do)과 만드는 것(to make)에 주된 이해관심이 있는 아이들의 주의를 끄는 활동을 교육과정에 도입할 경우, 우리는 학교가 구성원들에게 매우 중요하고 더 오래 지속되는 영향력을 행사하고, 더 많은 교양을 길러준다는 것을 알게 될 것입니다.

 그런데 저는 왜 이렇게 어려운 발표를 해야 하는 것일까요? 분명한 사실은 우리의 사회적 삶이 전적으로 변화했다는 것, 그리고 급격하게 변화를 겪어왔다는 것입니다. 우리의 교육이 삶에 어

등)의 교육을 의미한다.

떤 의미를 가지려면, 교육 또한 철저하게 변화해야 합니다. 변화는 하루아침에 이루어지지 않습니다. 저는 이미 변화가 진행 중이라고 생각합니다. (많은 사람이 구경만 하지 않고 변화에 활발하게 참여하게 될 때까지) 학교 시스템의 변화는 종종 세부적인 사항이 조금 바뀌거나 개선되는 것으로 나타나는데, 이것이 진보하고 있음을 나타내는 신호이자 증거입니다.

활발한 일(occupations), 자연 공부, 기초 과학, 예술, 역사를 도입하고, 단순히 상징적이고 형식적인 것은 부차적인 것으로 격하시키며, 도덕적인 학교 분위기의 변화, 즉 훈육을 할 때 교사와 학생의 관계 변화, 그리고 활동적·표현적·자발적인 요소를 더 많이 도입하는 것은 사회적 진보에 필연적인 것들입니다. 그러나 이 모든 요소를 조직화하고, 그것들을 넓은 의미로 이해하며, 그와 관련한 생각과 이상(ideals)을 갖는 것은 우리의 학교 시스템이 여전히 해야 할 일로 남아 있습니다. 즉, 학교를 초보적인 공동체의 삶으로 만드는 것, 더 큰 사회의 삶을 반영하는 일(occupation)이 활발하게 이루어지는 곳으로 만드는 것, 그리고 예술, 역사, 과학의 정신이 도처에 스며든 곳으로 만들어야 합니다. 학교가 아이들로 하여금 풍부한 사회 봉사 정신을 갖도록 한다면, 그리고 효과적으로 자아를 형성해 갈 수 있도록 작은 공동체 내의 구성원으로 입문시키고 훈련시킨다면, 가치 있고 사랑스러우며 조화로운 더 큰 사회를 보장할 수 있을 것입니다.

2. 학교와 아동의 삶

지난주, 저는 여러분에게 학교와 공동체라는 더 큰 삶 간의 관계에 대해 설명했습니다. 그리고 학교에서 이루어지는 작업의 방법과 재료의 특정한 변화가 필요하다는 것, 그렇게 하는 것이 현재의 사회적 요구에 더 부합할 수도 있다는 것을 제시했습니다.

오늘 저는 다른 측면에서 그 문제를 살펴보고, 삶과 학교 간의 관계 및 학교에서 아동의 발달에 대해 이야기하고자 합니다. 어린 아이라는, 구체적인 대상과 일반적인 원칙들을 연결하는 것은 어렵기 때문에, 대학 부속 초등학교에서 가져온 다량의 실제 사례를 가지고 이야기를 하겠습니다. 이 사례들을 통해 여러분은 제가 제시한 아이디어들이 실제로 작동하는 방식을 어느 정도 이해할 수 있을 것입니다.

몇 년 전 저는 예술적인 면, 위생적인 면, 교육적인 면 등과 아동의 요구에 이르기까지 모든 면에서 완벽한 책상과 의자를 찾으려고 학교에 책상과 의자를 납품하는 업체들을 둘러보았습니다. 우리가 원하는 것을 찾는 데는 많은 어려움이 있었습니다. 그리고 마침내 다른 상인들보다 지적으로 보이는 한 상인이 "유감스럽지만 우리는 당신들이 원하는 것을 가지고 있지 않습니다. 당신들은 아이들이 작업(work)할 수 있는 것을 원하는데, 여기 있는 것들은 온통 듣기만을 위한 것입니다."라고 말했습니다. 그의 말은 전통적인 교육에 대해 이야기해 줍니다.

생물학자가 한두 개의 뼈를 가지고 동물을 전체적으로 재구성하는 것을 생각해 봅시다. 그와 마찬가지로, 만약 우리가 기하학적 질서에 맞춰 보기 싫게 정렬된 책상이 있고, 움직일 공간이 거의 없을 정도로 빽빽하게 들어차 있으며, 모두 똑같은 크기의 책상, 탁자와 의자, 거기에 벽까지 휑한 보통의 학교 교실을 염두에 두고 있다면, 우리는 아마 그런 공간에서 할 수 있는 교육적 활동만 재구성할 것입니다. 그것은 온통 '듣기를 위해' 만들어졌습니다. 단순하게 책에서 배우는 것도 다른 종류의 듣기일 뿐이기 때문입니다. 그것은 하나의 정신(mind)이 다른 정신에 의존하고 있음을 나타냅니다. 말하기와 비교할 때, 듣기라는 방식은 수동성과 흡수(absorption)를 나타냅니다. 그리고 학교의 관리자, 교육위원회, 교사가 마련한 특정한 학습 자료가 이미 주어져 있고, 그런 자료들을 아이가 최소한의 시간에 가능한 한 많이 받아들여야 한다는 것을 의미합니다.

전통적인 학교 교실에는 아이들이 작업할 공간이 거의 없습니다. 아이들이 구성하고, 만들어내고, 활발하게 연구할 작업장, 실험실, 재료, 도구는 물론이고, 필수적인 공간조차 거의 없습니다. [뿐만 아니라] 이러한 작업과정에 관련된 것들은 교육계에서 확실하게 인정조차 받지 못하고 있습니다. 일간신문에 사설을 쓰는 교육의 권위자들은 일반적으로 그러한 것들을 '일시적인 유행'과 '겉치레'라고 말합니다. 어제 제게 한 여성이 교사가 제공하는 정보량보다 아이들의 활동량이 더 많은 학교나, 아이들이 어떤 동기를 가지고 정보를 요구하는 학교를 찾으려고 여러 학교를 방문했다고 말했습니다. 그녀는 24개의 학교를 방문한 후에야 자신이 찾던 학교를 처음으로 발견할 수 있었다고 했습니다. 그녀가 찾은 학교는 이 도시에 있는 학교는 아닙니다.

정해진 책상을 갖춘 교실이 시사하는 또 다른 점은 모든 것을 가능한 한 많은 수의 아이를 다루기 위해, 즉 아이들을 집단으로(en masse), 단일한 하나의 집합으로 다루기 위해 배치했다는 것입니다. 이는 아이들이 수동적인 존재로 취급된다는 것과 관련이 있습니다. 아이들은 행동하는 순간, [다른 사람들과 구별되도록] 스스로를 개별화(individualize)하기 때문입니다. 아이들은 하나의 무리(mass)이기를 멈추고, 우리가 가정, 운동장, 지역사회와 같은 학교 바깥에서 알게 되는 매우 독특한 존재가 됩니다.

동일한 근거에서 방법과 교육과정의 획일성을 설명할 수 있습니다. 만약 모든 것의 기초를 '듣기'에 둔다면, 여러분은 획일적인 재료와 방법을 가지게 될 것입니다. 아이들이 귀로 듣는다는 사실을 반영한 책은 모든 아이에게 똑같은 매개체가 됩니다. 아이들의 다양한 역량과 요구에 맞게 조정할 기회는 거의 없으며, 주어진 시간에 모든 학생이 똑같이 달성해야 할 결과와 성취량이 미리 정해져 있을 뿐입니다. 그리고 이러한 요구에 응하여 초등학교부터 대학까지의 교육과정이 개발되어왔습니다.

[그러한 교육과정이 개발되는 과정을 봅시다.] 세상에는 바람직한 지식과 성취해야 하는 기술이 아주 많습니다. 그 다음에는 6년, 12년, 혹은 16년간의 학교생활에 따라 이것을 적절하게 나누어야 합니다. 이제 그렇게 나눈 부분들을 학생들에게 매년 가르치면 그 과정들이 끝날 때쯤 아이들은 전체를 숙달할 것입니다. 이렇게 시간, 일(日), 주(週), 해(年)가 지나는 동안 많은 분야를 다룸으로써, 결국에는 모든 것이 완전히 고르게 발달하게 됩니다. 아이들이 이전에 배웠던 것을 잊어버리지 않는다면 말입니다. 수

천 명의 아이가 정해진 시간에 바로 그런 지리학 수업을 받고 있다는 내용을 담은 매튜 아놀드(Matthew Arnold)9)의 보고서가 이 모든 것의 결과를 보여줍니다. 프랑스의 한 교육 권위자는 이 보고서를 쓴 매튜 아놀드를 자랑스럽게 여겼습니다. 그리고 서구 도시들 중 한 곳에서는, 교육장이 도시를 방문하는 사람들에게 이런 자랑을 자주 하곤 했습니다.

저는 전통적인 교육의 전형적인 특징을 명확히 하기 위해, 전통적인 교육이 아이들을 수동적이고 기계적인 덩어리로 만든다는 것과, 교육과정과 방법의 획일성을 다소 과장하여 이야기했습니다. 전통적인 교육의 전형적인 특징은 무게중심이 아이들 바깥에 있다는 것입니다. 전통적인 교육에서 무게중심은 교사와 교과서 속에, 그리고 아동의 본능과 활동을 제외하고 싶어 하는 곳에 있습니다. 그러한 토대에서는, 아동의 삶(life)에 관하여 이야기할 수 있는 것이 별로 없습니다. [물론] 아동의 학습에 대해서는 많은 것을 이야기할 수도 있지만, 그런 학교는 아이들이 살아가는 학교가 아닙니다. 현재 우리 교육에서 이루어지고 있는 변화는 무게중심의 이동입니다. 이것은 마치 코페르니쿠스가 천문학의 중심을 지구에서 태양으로 이동시켰을 때 일어난 것과 같은 변화이자 혁명입니다. 이 경우 아동은 교육기구들을 조직하는 중심, 즉

---

9) [역주] 매튜 아놀드(1822~1888) : 영국의 근대적 공립학교의 건립자로 유명한 토머스 아놀드(Thomas Arnold)의 장남으로 시인이자 비평가이며 교육자이다. 장학관을 역임하며 영국 교육제도의 개혁에 힘써 근대적인 국민교육의 건설에 크게 공헌했고, 특히 1859년과 1865년 양차에 걸친 해외 시찰여행의 보고서인 『프랑스의 민중교육』(1861)과 『대륙의 여러 학교와 대학』(1868) 등에 그의 교육적 업적이 남아 있다.

태양이 되고 교육기관들은 그 주위를 돌게 됩니다.

    부모가 아이에게 무엇이 최선인지 알 수 있을 만큼 충분히 지성적이고, 아이가 필요로 하는 것을 공급해 줄 수 있는 이상적인 가정을 예로 들어봅시다. [그 속에서] 우리는 가족의 사회적 대화와 구조를 통해 배우고 있는 아이를 발견합니다. 가족들이 나누는 대화 속에는 아이가 관심을 갖는, 아이에게 가치 있는 특정한 것이 있습니다. 문장이 만들어지고, 탐구를 하며, 주제에 관해 토론하는 과정에서 아이들은 지속적으로 배웁니다. 아이는 자신의 경험을 이야기하고, 잘못 알고 있던 것들을 수정합니다. 또한 아이는 가정의 일에 참여하면서, 근면성과 정리정돈 습관, 다른 사람들의 권리와 생각을 고려하는 습관을 갖게 됩니다. 그리고 자신의 활동보다 가정의 일반적인 이해관심을 중시하는 습관을 갖게 됩니다. 아이가 가정의 일에 참여하는 것은 지식을 얻는 기회가 됩니다. 이상적인(ideal) 가정에는 아이가 무언가를 만들고자 하는 본능을 펼칠 수 있는 작업장이 있을 것이며, 탐구를 할 수 있는 작은 실험실이 있을 것입니다. [그곳에서] 아동의 삶은 문 밖의 정원으로, 주위의 들판과 숲으로 확장될 것입니다. 아동은 문 밖의 더 큰 세계에서 소풍을 가고, 산책을 하고, 이야기를 하게 될 것입니다.

    우리가 이상적인 가정에 대해 지금까지 이야기한 모든 것을 체계화하고 일반화하면, 이상적인 학교가 됩니다. 이상적인 학교에 대한 신비한 비밀 같은 것은 없으며, 교육학이나 교육 이론을 살펴본다고 해서 굉장한 것을 발견할 수 있는 것도 아닙니다. 대부분의 가정에서 여러 가지 이유 때문에 빈약하고 무계획적인 방식으로 이루어지던 것을 체계적이고 광범위하며, 지적이고, 유능한 방식으로 행하면 이상적인 학교가 됩니다.

우선, 이상적인 집은 확대되어야 합니다. 아동은 자유롭고 풍요로운 사회적 삶을 위해 많은 어른과 더 많은 아이를 접해야 하기 때문입니다. 게다가 가정에서 하는 일과 가정에서 맺는 관계는 아이의 성장을 주목적으로 하지 않으며, 결국 아이가 얻는 것은 부수적인 것뿐입니다. 이러한 이유 때문에 학교가 필요합니다. 학교에서는 아동의 삶이 지배적인 목적이 됩니다. 그리고 아동의 성장을 촉진하기 위해 필요한 모든 매체가 중심이 됩니다. 학습(learning)이요? 분명히 있긴 하지만, 주로 생활하는 것이며, 생활과 관련해서 학습이 이루어집니다. 아동의 삶을 중심에 두고 학교를 조직할 때, 우리는 아동이 듣는(listening) 존재가 아니라 그와 정반대라는 것을 알게 됩니다.

단순히 주입하는 과정과 대조한다면, 교육은 '끄집어내는 것(drawing out)'이라는 표현은 탁월합니다. 그러나 3세, 4세, 7세 또는 8세 아동이 하는 보통의 행동을 보면, 거기에서 무언가를 끄집어낸다는 생각을 하기가 쉽지 않습니다. 그리고 아동은 이미 온갖 종류의 활동을 하고 있습니다. 아동은 어른들이 그들에게 숨겨져 있는 활동의 싹을 끄집어내기 위해 매우 조심스럽게 접근해야 하는, 잠재된(latent) 존재가 아닙니다. 아동은 이미 아주 활동적이며, 교육이 해결해야 할 문제는 아동이 하는 활동을 포착해서 방향을 제시하는 것입니다. 방향을 안내하고 조직화하면 아동이 하는 활동은 단순한 충동으로 남거나 없어지지 않고 가치 있는 결과를 얻게 됩니다.

우리가 지속적으로 아동의 활동을 안내하고 조직해 나간다면,

많은 사람이 새로운 교육의 난점(difficulty)이라 생각하는 것이 해결되는 것이 아니라, 난점 자체가 아예 사라집니다. 사람들은 종종 "그렇게 투박하고, 일정하지 않으며, 산만하고, 정교하지도 고상하지도 않은 아이들의 생각, 충동, 이해관심만을 가지고 시작한다면, 아이가 필요한 훈육, 교양, 정보는 어떻게 습득합니까?"라고 묻습니다. 만약 우리가 아동의 충동을 자극하고 제멋대로 하도록 다 받아주는 것 외에는 할 수 있는 것이 없다면, 이 같은 문제 제기는 적절합니다. 아동이 하는 활동을 무시하고 억누르거나, 아니면 비위를 맞춰 충족해 주어야 하기 때문입니다. 그러나 우리가 [교육의] 도구와 재료를 조직할 수 있다면, 우리에게는 또 다른 길이 펼쳐져 있습니다. 아동의 활동을 지도할 수 있으며, 그들에게 특정한 방식으로 연습활동을 제시해 줄 수 있습니다. 그리하여 필연적으로 계속되는 그 길의 끝에 있는 목적을 향해 아이들을 이끌 수 있습니다.

'바란다고 해서 다 이루어지는 것은 아니다'라는 말이 있습니다. 그러나 진정으로 충동이나 이해관심을 충족하려면 실행을 해야 합니다. 실행을 하면 장애물과 부딪히고, 학습 자료를 숙지하며, 독창성과 인내심, 지속성, 민첩함을 발휘하게 됩니다. 따라서 실행은 필연적으로 훈육을 수반하고, 지식을 제공하기 때문에 위의 속담에 해당되지 않습니다.

상자를 만들고 싶어 하는 어린아이의 예를 들어봅시다. 만약 상자를 만들고 싶어 하는 마음이 사라진다면 그 아이는 분명히 훈육을 경험하지 못할 것입니다. 그러나 아이가 자신의 충동을 실현하고자 한다면 아이는 생각을 명확히 하고, 하나의 계획을 세우게 됩니다. 즉, 적절한 종류의 나무를 골라서 필요한 부분을 측정하고, 그 부분들에 필요한 비율을 부여하게 됩니다. 재료 준비, 톱질, 대패질, 사포질, 모든 테두리와 귀퉁이를 맞추는 것도 여기에 포함되며 도구와 절차에 대한 지식은 필수적입니다. 만약 아동이 자신의 본능을 인식하고 상자를 만든다면, 훈육을 경험하고 끈기를 획득할 기회, 장애물을 극복하는 과정에서 노력할 기회, 많은 양의 정보를 얻을 기회는 충분히 있습니다.

요리사가 될 거라고 생각하는 어린아이는 요리사가 된다는 것이 무엇을 의미하는지, 요리사가 되는 데 비용이 얼마나 들며 무엇이 필요한지 거의 알지 못합니다. 요리사가 되려는 것은 어쩌면 어른들의 활동을 따라 하려는, 단순히 '놀고 싶은' 욕구일 수도 있습니다. 우리는 아이의 그러한 이해관심만 충족하면서, 우리 자신의 수준을 떨어뜨릴 수도 있습니다. 그러나 이런 경우에도 요리사가 되겠다는 충동을 실행하고 활용한다면, 아이는 스스로 받아들여야만 하는 혹독한 조건을 가진 실제 세계와 부딪히게 됩니다. 그리고 거기에서 다시 훈육을 경험하고 새로운 지식을 접하게 됩니다.

한 아이가 시간이 오래 걸리는 실험을 통해 요리를 하는 것을 견딜 수가 없어서 "왜 이걸 가지고 우리를 괴롭히죠? 요리책에 있는 조리법을 따라서 해요."라고 말했습니다. 그러자 교사는 그 아이에게 요리책에 있는 조리법이 어디에서 생겨났는지 물었습니다. 이 대화는 만약 아이들이 요리책에 있는 조리법을 따른다면, 그들은 자신들이 왜 그 작업을 하는지 이해하지 못할 거라는 것을 보여줍니다. 그리고 나서 아이들은 아주 흔쾌히 실험적인 작업을 계속했습니다. 그 작업을 뒤따라가 보면 문제가 되는 바로 그 점에 대한 실제 사례가 분명히 나타납니다.

아이들은 채소 요리에서 육류 요리로 넘어갈 때, 달걀 요리를 하는 날에 작업을 했습니다. 비교의 근거를 얻기 위해 아이들은 채소를 구성하는 영양 성분들을 요약한 뒤, 육류에서 발견된 영양 성분과 비교했습니다. 이렇게 해서 아이들은 채소에 있는 목질섬유[10]와 섬유소가 육류에서는 형태와 조직의 성분을 제공하는 결합 조직에 해당한다는 것을 알게 되었습니다. 그리고 녹말과 녹말이 많은 산물은 채소의 특징이라는 것, 무기염[11]은 채소와 육류 둘 다에서 똑같이 발견된다는 것을 알게 되었습니다. 또한 채소와 육류 둘 다 지방이 있는데, 식물성 식품에는 적은 양이, 동물성 식품에는 많은 양이 있다는 것을 발견했습니다. 그러고 나서 아이들은 채소 속의 녹말에 해당하는 동물성 식품의 특성인 알부민[12]에 대해 연구할 준비가 되었습니다. 그리고 실험 재료인 달걀에 들어 있는 알부민을 적절하게 처리하는 데 필수적인 조건들을 고려할 준비가 되었습니다.

아이들은 물이 부글부글 끓을 때까지 다양한 온도의 물을 가지고 실험을 하면서 물의 온도가 달걀 흰자에 미치는 영향을 확인했습니다. 그러한 실험을 할 때 달걀은 단지 요리를 하기 위해서

---

10) [역주] 목질섬유(木質纖維, woody fiber) : 속씨식물의 목질부를 구성하는 요소의 하나로 가늘고 긴 방추형의 세포로 이루어져 있으며, 세포벽이 두툼하게 목질화되어 있고 벽에는 구멍이 있다. 식물체를 단단하게 하는 조직의 구실을 한다.
11) [역주] 무기염(無機鹽, mineral salt) : 무기산과 염기가 반응하여 생성된 물질을 통틀어 일컫는다.
12) [역주] 알부민(albumen) : 단순 단백질의 하나로 글로불린과 함께 세포와 체액 속의 단백질 대부분을 이룬다. 열을 가하면 응고하는 성질이 있다.

만 준비한 것이 아닙니다. 달걀을 준비한 이유는 달걀 요리에 관련된 원리를 이해하기 위해서입니다. 저는 그러한 특정한 사건 속에서 보편적인 관점을 잃지 않기를 원합니다. 아이들이 단순히 달걀을 요리하고 싶어 하고, 달걀을 3분간 물속에 떨어뜨리고, 교사가 알려줘서 그것을 꺼내도록 하는 것은 교육적으로 아무런 의미가 없습니다. 그러나 아이들이 관련된 사실, 재료, 조건들을 인식함으로써 자신의 충동을 실현하도록 하고, 그러한 인식을 통해 그 충동을 조절하도록 하는 것은 교육적입니다. 이것은 이해관심을 자극하거나 만족시키는 것과 [교육적인] 지도(direction)를 통해 이해관심을 실현하는 것의 차이입니다. 그리고 바로 이것이 제가 주장하고 싶은 바입니다.

아동의 또 다른 본능은 연필과 종이를 사용하는 것입니다. 모든 아이는 형태(form)와 색상이라는 매체를 통해 스스로를 표현하는 것을 좋아합니다. 만약 여러분이 아이가 그러한 행위를 언제까지고 계속하도록 내버려둠으로써 아이의 이해관심들을 충족한다면, 거기에는 우연적인 것 이상의 성장은 없을 것입니다. 그러나 아이가 자신의 충동을 표현하도록 한 후에 비판, 질문, 제안을 통해 아이가 했던 것, 할 필요가 있는 것을 깨닫도록 한다면 결과는 매우 달라질 것입니다.

예를 들면, [그림 I]은 7세 아동의 작품으로, 평균적인 작품이 아니라 어린아이들 사이에서 만들어진 최고의 작품입니다. 그러나 [어쨌든] 이 그림은 제가 이야기해 왔던 특정한 원리를 실제로 보여줍니다. 아이들은 사람들이 동굴 속에 살았을 당시 사회적 삶의 원시적인 조건에 관해 이야기하고 있습니다. '동굴은 있을 수

그림 I : 동굴과 나무를 그린 아이의 그림

그림 II : 숲을 그린 아이의 그림

없는 방식으로 언덕 중턱에 깔끔하게 세워져 있다'라는 표현에서 아이의 생각이 드러납니다. 여러분은 [이 그림에서] '양옆에 평평한 나뭇가지를 가진 수직선'이라는, 아동기의 아이들이 흔히 생각하는 나무의 모습을 볼 수 있습니다. 만약 아이에게 매일 이런 종류의 것을 계속 반복하도록 허용한다면, 아이는 자신의 본능을 실행하기보다는 그러한 본능을 만족시키기 위해 제멋대로 할 것입니다. 그러나 이제 아이는 나무를 자세히 볼 것, 자신이 그린 것과 보이는 것을 비교할 것, 자신이 그린 작품이 어떤지 더욱 면밀하고 의식적으로 검토할 것을 요구받습니다. 그 후에 그 아이는 관찰한 것을 바탕으로 나무를 그렸습니다.

마지막으로 그 아이는 관찰, 기억, 상상을 결합하여 다시 그림을 그렸습니다. 그는 실제 나무에 대한 상세한 연구에 의해 통제를 받지만, 자신만의 창의적인 생각을 표현하면서 자유롭게 그림을 다시 그렸습니다. 그 결과는 [그림 II처럼] 작은 숲을 나타내는 그림입니다. 이 그림은 어느 정도 어른의 작품처럼 시적인(poetic) 느낌을 줍니다. 그러나 그림 속 나무들의 비율을 살펴보면, 단순한 상징이 아니라 실제로 있을 수 있는 나무입니다.

학교에서 이용할 수 있는 충동들은 대략 4개의 제목으로 분류할 수 있습니다. 먼저 대화, 개인적인 교류, 의사소통에서 나타나는 아동의 사회적 본능이 있습니다. 우리는 모두 4세, 5세의 어린 아이가 얼마나 자기중심적인지 알고 있습니다. 어떤 새로운 주제를 제시했을 때 아이가 조금이라도 말을 한다면, "난 그것을 본 적이 있어요."라거나 "우리 아빠 엄마가 나에게 그것에 대해 이야기해 주었어요."일 것입니다. [이처럼] 아동의 지평(horizon)은 넓지 않습니다. 아이가 다른 사람들에게 자신의 경험을 이야기하고, 다른 사람들의 경험을 듣는 데 충분히 관심이 있다고 할지라도, 아이의 경험은 가정에서 얻은 것이기 때문입니다. 그러나 어린아이들의 자기중심적이고 제한된 이해관심은 이러한 방식으로 무한히 넓어질 수 있습니다. 언어적 본능은 아동이 하는 사회적 표현의 가장 단순한 형태입니다. 따라서 아이의 언어적 본능은 어쩌면 모든 교육적 자원 중에서 가장 중요하다고 할 수 있습니다.

그 다음에는 만들기 본능, 즉 구성하려는(constructive) 충동이 있습니다. 무언가를 하려고 하는 아동의 충동은 먼저 놀이, 움직임, 몸짓, 소꿉놀이를 통해 표현됩니다. 그리고 그 충동은 재료를 이용해 눈에 보이는 형태를 만들고, 영구적인 것으로 구현하는 과정에서 더욱 분명해지고, 발산의 수단을 찾습니다. 아동은 추상적인 탐구에 대한 본능을 많이 가지고 있지는 않습니다. 연구에 대한 본능은 무언가를 만들고 싶어 하는 충동과 대화하고 싶은 충동이 결합하여 싹트는 것처럼 보입니다. 어린아이에게는 과학 실험과 목공소에서 하는 작업이 다를 게 없습니다. 어린아이들이 물리학이나 화학에서 할 수 있는 작업은 기술적으로 일반화된 원리를 찾거나 추상적인 진리에 도달하는 것이 목적이 아닙니다. 아이들은 어떤 것을 하는 것을 좋아하며, 어떤 일이 일어나는 것을 보는 것을 좋아할 뿐입니다. 그러나 우리는 이것을 무작위로 계속하도록 허용할 수도 있고, 기회로 활용할 수도 있으며, 가치 있는 결과를 낳는 방식으로 지도할 수도 있습니다.

그리고 무언가를 표현하고자 하는 아동의 충동, 즉 예술적 본능은 의사소통의 충동과 구성적 충동들로부터 생겨납니다. 의사소통하려는 충동과 무언가를 만들고자 하는 구성적 충동이 정교해지고 완전하게 표현되는 것이 예술적 본능입니다. 적절한 작품,

풍부하고 자유로우며 유연성 있는 작품을 만드시오. 그리고 그 작품에 이야기하고 싶은 것, 즉 사회적 동기를 부여하십시오. 그러면 여러분은 하나의 예술 작품을 갖게 될 것입니다.

이와 관련하여 바느질과 옷감 짜기처럼 직물을 이용한 작업의 한 가지 사례를 들어봅시다. 아이들은 작업장에서 원시적인 베틀을 만듭니다. 이것이 아이들의 구성적 본능을 자극합니다. 그리고 나서 아이들은 이 베틀을 이용해 어떤 것을 하기를, 즉 무언가를 만들기를 원했습니다. 아이들이 만들고 싶어 한 것은 인디언식 베틀이었고, 아이들은 인디언들이 짠 양탄자를 보게 됩니다. 각각의 아이들은 나바호(Navajo)[13] 양탄자를 생각하면서 비슷한 디자인을 만들었고, 자신들이 하는 작업에 가장 적합한 것으로 보이는 디자인을 선택했습니다. 기술적인 자원은 제한되어 있었지만, 색상과 모양의 문제는 아이들이 해결했습니다. 보여준 사례는 12세 아이가 만든 것입니다. 자세히 살펴보면 그 일을 하는 데 인내심, 철저함, 끈기가 필요했음을 알 수 있습니다. 그리고 그 일은 기술적인 디자인의 역사적인 유형과 그 요소들에 대한 정보와 훈육뿐만 아니라, 어떤 아이디어를 적절하게 전달하는 예술의 정신과도 관련되어 있습니다.

구성적인 면과 예술적인 면의 관계에 대한 사례를 한 가지 더 들겠습니다. 12세 아이들 중 한 명이 자신보다 좀 더 나이가 많은

---

13) [역주] 나바호족은 북아메리카 인디언 중에서 인구가 가장 많은 종족으로, 약 9만 명에 이른다. 북아메리카 남서부인 뉴멕시코·애리조나·유타 주(州) 등에 산다. 원래는 수렵과 식물채집으로 생활했으나, 이웃에 사는 푸에블로족(族)으로부터 농경기술을 도입했다. 19세기에 멕시코인으로부터 배운 금속공예와 나바호 양탄자로 유명하다.

아이가 실을 잣는 모습을 그림(그림 Ⅲ)으로 그릴 때 그 아이는 원시적인 실잣기와 빗질하기를 배우고 있었습니다. 여기 이 그림들, 두 손을 그린 그림, 그리고 실잣기를 준비하기 위해 두 손으로 양털을 뽑아내는 것을 그린 그림은 전혀 평균적이지 않은, 평균보다 나은 또 다른 작품입니다. [그림 Ⅳ]는 11세 아동이 그린 것입니다.

그림 Ⅲ : 실 잣는 소녀를 그린 아동의 그림

그림 Ⅳ : 실 잣는 손을 그린 아동의 그림

아이들의 예술적인 충동은 주로 말하고 싶고, 표현하고 싶은 욕구라는 사회적 본능과 연결되어 있습니다. 특히 어릴수록 더 그렇습니다.

이제, 이 4개의 이해관심 ― 대화나 의사소통에 대한 관심, 어떤 것을 탐구하고 밝혀내는 것에 대한 관심, 어떤 것을 만들거나 구성하는 것에 대한 관심, 예술적인 표현에 대한 관심 ― 을 마음

속에 담아둡시다. 이 4개의 이해관심은 아동의 활발한 성장을 좌우하는 활동(exercise)을 위한 자연스러운 자원이자 아직 투자되지 않은 자본이라고 할 수 있습니다. 나는 한두 개의 사례를 제시하고 싶은데, 그 중 첫 번째는 7세 아동의 작품입니다. 그 작품은 아동의 말하고자 하는 지배적인 욕구를 보여줍니다. 특히 사람들에 관해, 그리고 사람들과 관련된 것들에 관해 말하고자 하는 욕구를 특정한 방식으로 보여줍니다. 만약 여러분이 어린아이를 관찰한다면, 아이들이 사람들과 사물의 연관성 속에서 사물의 세계에 흥미가 있다는 것을 발견하게 될 것입니다. 아이들은 인간사의 배경과 매개체인 사물들의 세계에 흥미를 가지는 것입니다.

많은 인류학자는 원시적인 삶의 이해관심과 아동의 이해관심 속에는 특정한 동질성(identity)이 있다고 이야기해 왔습니다. 원시시대 사람들의 전형적인 활동은 아동의 머릿속에서 자연스럽게 재현됩니다. 아이들은 마당에 무언가를 짓고, 활과 화살, 창 등을 가지고 사냥하는 것을 좋아하는 소년의 오두막을 떠올립니다. 또다시 "우리는 아이들의 이해관심과 관련해 무엇을 할 수 있는가? 우리가 할 수 있는 것은 아이들의 이해관심을 무시하거나 단순히 자극하고 끄집어내는 것인가? 아니면 아이들의 이해관심을 포착하고 그것을 앞선 것, 더 나은 것으로 안내할 수 있는가?"라는 의문이 제기됩니다. 우리가 7세 아동을 위해 계획한 작업은 아이에게 인류의 진보를 이해시키는 하나의 수단으로 이해관심을 활용한다는 점에서 후자의 목적을 가집니다. 아이들은 자연과 직접 접촉할 때까지 현재 조건들이 제거된 상황을 상상하기 시작합니다. 그리고 상상을 통해 아이들은 사냥하는 사람들, 동굴이나 나무에서 살며 정착하지 않고 사냥이나 낚시를 하며 살았던 사람들에게로 돌아갑니다. 아이들은 그런 생활에 적합한 여러 가지 자연스러운 물리적 조건을 가능한 한 멀리까지 상상합니다. 즉, 언덕과 나무가 많은 경사지, 가까운 산과 물고기가 풍부한 강을 그려봅니다. 그 후, 아이들은 사냥에서 반(半)농업적 단계로, 그리고 유목생활에서 정착된 농경 단계로 상상을 계속합니다.

　제가 이야기하고 싶은 핵심은 정보를 얻을 수 있는 충분한 탐구의 기회, 실제적인 학습을 위한 충분한 기회가 [그 속에] 있다는 것입니다. 그래서 아동의 본능이 사회적 측면으로 이끌리는 동안 사람들과, 사람들이 하는 행동에 대한 아동의 관심은 더 큰 실제 세계로 이어집니다. 예를 들면, 아이들은 돌화살촉과 같은 원시시대의 무기에 대해 관심을 가지고 있었습니다. 그들은 무기의 목직에 가장 적합한 것을 찾기 위해 다양한 돌을 검토했는데, 이것은 광물학 수업에서처럼 재료의 견고성, 형태, 조직 등에 관해 조사할 기회를 제공해 주었습니다.

　철기 시대에 대한 논의는 점토로 된 상당히 큰 용광로를 만들고 싶어 하는 아이들의 욕구를 충족시켜주었습니다. 처음에는 아이들이 드래프트(drafts)[14]를 제대로 붙이지 못해서 용광로의 입구가 크기와 위치 면에서 통풍구와 적절하게 연결되지 않았습니다. 그 때문에 연소의 원리, 드래프트와 연료의 본질에 대해 가르칠 필요가 생겼습니다. 그러나 가르침은 미리 정해져서 주어지는 것이 아닙니다. 먼저 가르침이 필요해지면, 그 후에 실험이 이루

---

14) [역주] 주조(鑄造) 작업에서 주형(鑄型) 속에서 목형(木型)을 빼내기 쉽도록 목형의 수직면에 약간의 기울기를 붙이는 것을 의미한다.

어졌습니다. 아이들은 구리와 같은 몇몇 재료를 녹이고 용광로에 집어넣는 일련의 실험을 했습니다. 그리고 납과 다른 금속들을 가지고 똑같은 실험을 했습니다.

이러한 작업은 지리학에서도 계속되었습니다. 왜냐하면 아이들이 다양한 형태의 사회적 삶에 꼭 필요한 다양한 물리적 조건을 상상하고 이해해야만 했기 때문입니다. 목축 생활에 적합한 물리적 조건들은 무엇일까? 농경의 시작 단계에 적합한 것은? 낚시에 적합한 것은? 사람들 간의 자연스러운 교환 수단은 무엇일까? 아이들은 대화를 통해 그런 점들을 이해해 가면서, 나중에 지도(map)와 모래로 만든 조형물에 물리적 조건들을 나타냈습니다. 그렇게 해서 아이들은 지구의 다양한 형태의 지형에 대해 알게 되었고, 동시에 그런 지형들을 인간 활동과의 관계 속에서 이해하게 되었습니다. 즉, 지형에 대한 외적인 사실뿐만 아니라, 각 지형을 인류의 삶과 진보에 관련이 있는 사회적 개념들과 연결하여 이해하게 된 것입니다. 그 결과는 일주일에 5시간씩 총 1년간 그런 작업을 해온 아이들이, 정보 획득을 공공연한 목적으로 삼고 단순히 정해져 있는 사실들을 배우기 위해 앉아 있는 아이들보다 과학, 지리학, 인류학에 대하여 훨씬 많은 지식을 얻는다는 확신이 옳다는 것을 보여줄 것입니다. 훈육에 있어서도 마찬가지입니다. 아이들을 훈육시키겠다고 그들에게 단순히 임의적인 문제를 해결하도록 했을 때보다 더 많은 주의집중과 이해력, 추론, 예리한 관찰과 지속적인 반성에 대한 훈련을 하게 됩니다.

저는 이 시점에서 암송(recitation)[15]에 대해 이야기하고 싶습니다. 우리는 암송을 아동이 교과서에서 얻은 지식을 교사와 다른 아이들에게 드러낼 때 사용하는 한 가지 방법이라고 알고 있습니다. 그러나 다른 관점에서 보면, 암송은 특히 두드러지는 사회적 만남의 장(場)이 됩니다. 암송은 뚜렷한 방침을 따르는, 더욱 조직화된 것이라는 점을 제외하고는 가정에서 일어나는 자발적인 대화와 같습니다. 암송은 경험과 아이디어를 교환하고 비판을 받는 곳, 잘못된 개념들이 교정되고, 생각과 탐구의 새로운 방향이 설정되는 사회적인 정보 처리 기관(social clearing-house)이 됩니다.

이처럼 암송은 이미 획득한 지식을 검사받는 것에서 아동의 의사소통적인 본능을 표현하는 자유로운 활동으로 변화합니다. 이러한 변화는 학교의 모든 언어적 작업에 영향을 끼치고, 변화시킵니다. 전통적인 *시스템*하에서 아동이 풍부하고 자유롭게 언어를 구사하도록 만드는 것은 매우 어려운 문제였습니다. 그 이유는 아동에게 언어에 대한 자연스러운 동기가 좀처럼 주어지지 않았기 때문입니다. 교육학 책에서는 언어를 생각을 표현하는 매개체라고 정의합니다. 언어는 정신적으로 훈련이 되어 있는 성인들에게는 어느 정도 생각을 표현하는 매개체가 됩니다. 그러나 언어가

---

15) [역주] 흔히 '암송'이라고 하면 배운 것을 교사 앞에서 읊음으로써 자신이 얼마나 정확하게 정보를 습득했는지를 보여주는 시험의 방식으로 이해한다. 물론 듀이와 우리 모두가 알고 있듯이 암송에는 이러한 측면이 있다. 그러나 듀이는 암송을 단순히 암기한 정보를 읊고 그 결과로 아동의 등급을 매기는 수단으로 보지 않는다. 여기에서 듀이가 주장하는 암송은 좀 더 조직화된 대화처럼, 서로 질문하고 답하는 과정이다. 그 과정을 통해 서로의 생각들이 공유되고 잘못된 생각은 자연스럽게 교정이 이루어진다. 여기에서 'recitation'은 다른 적절한 표현을 찾지 못해 암송이라고 번역했지만, 듀이의 맥락에서는 그것이 일반적으로 사용하는 의미와 다른 방식으로 이해된다는 것을 염두에 두고 읽어야 할 것이다.

본래 사회적인 것, 우리의 경험을 다른 사람들에게 주고 그들의 경험을 얻는 수단이라는 이야기는 거의 하지 않고 있습니다. 언어가 본연의 기반(basis)에서 멀어지면, 언어를 가르치는 것이 복잡하고 어려워지는 것은 당연합니다.

언어를 하나의 사물로서 별도로 가르치는 것이 얼마나 말도 안 되는 일인지 생각해 보십시오. 아이가 학교에 가기 전에 하는 일은 자신이 관심 있는 것에 대해 이야기하는 것입니다. 그러나 학교에 마음을 끄는 중요한 관심사가 없고, 언어가 수업내용을 반복하는 데만 사용되면, 학교에서 모국어를 가르치는 일이 매우 힘들어지는 것은 당연합니다.

가르치는 언어가 자연스럽지 않고, 깊은 감명(impression)과 확신을 주고받으려는 진정한 욕구로부터 생겨나지 않았기 때문에, 언어를 사용함에 있어서 아동의 자유는 점차 사라지게 됩니다. 그래서 고등학교 교사들은 아이들이 자발적이고 풍부한 언어능력을 행사할 수 있도록 돕기 위해 온갖 방안을 고안해 내야 했습니다. 더구나 언어적 본능을 사회적인 방식으로 이끌어내면, 실재와 지속적으로 접촉할 수 있기 때문에 아이들은 항상 마음속에 이야기할 무언가를 가지게 됩니다. 즉, 아이가 말로 표현하고 싶은 것이 생기게 됩니다. 아이들은 말로 표현하고 싶은 생각을 갖게 되는데, 생각은 자신의 것이 아닌 한, 생각이라고 할 수 없습니다.

전통적인 방식으로 접근할 때, 아동은 단순히 배운 것을 말해야만 합니다. 이야기하고 싶은 무엇을 갖는 것과, 무엇을 말해야만 하는 것 간에 세계의 모든 차이가 존재합니다. 다양한 자료와 사실을 알고 있는 아이는 그것들에 대해 말하고 싶어 하며, 아이의 언어는 실재에 의해 규제되고 실재를 통해 알게 된 것이기 때문에 더욱 정밀하고 완전해집니다. 입으로 말하는 것뿐만 아니라 읽기와 쓰기도 이에 기초하여 가르칠 수 있습니다. 읽기와 쓰기 교육은 자신의 경험을 이야기하는 보답으로 다른 사람의 경험을 얻으려는, 아동이 가진 사회적인 욕구의 자연스러운 결과물과 **관련된(related)** 방식으로 이루어집니다. 또한 의사소통을 통해 서로 주고받은 진리를 결정하는 사실들 및 힘들을 접하면서 지도를 받습니다.

저는 만들기와 의사소통에 대한 원초적인 본능이 과학적인 탐구로 발전해 온, 좀 더 나이가 많은 아이들의 작업에 대해서는 이야기하지 않겠습니다. 그러나 이러한 실험적 작업에 뒤따르는 언어 사용의 실제 사례를 제시하고자 합니다. 그 작업은 가장 평범하고 간단한 실험에서 출발하여 아동을 서서히 지질학적 연구와 지리학적 연구로 이끌어갑니다. 저는 다음 문장이 '과학적'이면서 동시에 시적(poetic)이라고 느꼈습니다.[16]

오래전, 그러니까 지구가 갓 탄생하여 용암이었을 때 지구에는 물이 없었다. 그리고 대기 중에 많은 기체가 있었

---

16) [역주] 이 부분에서 듀이가 인용하는 글은 아이들이 작성한 것으로, 학문적인 용어를 사용하지 않고, 자신들의 언어로 이해한 것을 표현했다. 듀이 역시 학생들이 스스로 이해한 것을 자유롭게 언어로 표현한 점을 높이 평가하고 있다. '뜯어낸다.' '끌어당긴다.'처럼 아이들이 사용한 언어는 직역하면 조금은 어색할 수도 있다. 그렇지만 어색하고 부적절해 보이더라도 듀이가 이 글을 쓴 취지를 고려하여 그대로 번역했다.

던 것처럼 대기에 떠 있던 지구를 둘러싼 모든 곳에는 수증기가 있었다. 기체들 중의 하나는 이산화탄소였다. 지구가 차가워지기 시작했기 때문에 수증기는 구름이 되었고, 얼마 후 비가 내리기 시작했다. 그리고 그 물이 떨어져서 대기 중에 있던 이산화탄소를 녹였다.

이 문장 속에는 첫눈에 알 수 있는 것보다 더 많은 과학이 숨어 있습니다. 이 문장은 그 아이가 해온 석 달간의 작업을 나타냅니다. 아이들은 매일, 매주 기록을 계속했으며, 이 문장은 그 분기(quarter)[17]에 했던 작업을 일부 요약한 것입니다. 그 아이가 명확한 이미지를 가지고 있고, 상상한 실재에 대하여 개인적인 느낌을 가지고 있기 때문에 저는 이 언어를 시적(poetic)이라고 말합니다.

저는 아이들이 생생한 경험을 했을 때 생생한 언어를 사용한다는 점을 더욱 잘 보여주기 위해 두 개의 기록에서 [다음의] 문장들을 발췌했습니다.

"지구가 응결될 정도로 충분히 차가워졌을 때 그 물은 이산화탄소의 도움을 받아, 바위에서 나온 칼슘을 커다란 물줄기 속으로 끌어당겨서 작은 동물들이 그 칼슘을 얻을 수 있도록 한다."

---

17) [역주] 일 년을 4등분한 3개월씩의 기간, 순서에 따라 1분기, 2분기, 3분기, 4분기라고 부른다.

"지구가 냉각되었을 때 칼슘은 바위 속에 있었다. 그때 이산화탄소와 물이 합쳐져 어떤 용액을 형성한다. 그리고 그 용액이 흐르면서 칼슘을 뜯어내어 그 용액에서 칼슘을 얻는 어린 동물들이 있는 바다로 흘러간다."

화학적 결합과정과 관련하여 '끌어당겼다'와 '뜯어냈다'와 같은 단어들을 사용한다는 것은 아동이 개인적으로 깨달았음(realization)을 입증해 줍니다. 이러한 개인적인 깨달음은 아동이 자신만의 고유한 표현을 할 수 있도록 해줍니다.

다른 사례들을 설명하는 데 많은 시간을 쓰지 않았더라면, 저는 아이들이 아주 간단한 재료를 이용해서 어떻게 더 큰 연구의 장(field)으로 나아가는지 보여주고 싶었습니다. 그리고 그런 연구에 어떤 지적 훈육이 뒤따르는지 보여주고 싶었습니다. [그러나 시간이 없기 때문에] 그러한 작업을 처음 시작할 때 했던 실험에 대해 간단하게 언급할 것입니다. 바로 금속의 광을 내는 데 사용되는, 침전된 백악(chalk)[18]을 만드는 실험이었습니다. 아이들은 텀블러, 석회수,[19] 유리관과 같은 간단한 도구를 이용해 석회수에

---

18) [역주] 백악(白堊, chalk) : 백색 연토질 석회암이라고 부르며 백색 또는 회백색의 미세한 입자를 가진 연한 석회암이다. 유럽이나 북미의 신백악기 지층에 존재하며, 주로 유공충의 껍데기, 조개껍데기의 파편으로 형성된다.
19) [역주] 석회분을 물과 잘 섞어서 여과시킨 액인 수산화칼슘의 포화수용액을 말하는데, 무색투명의 알칼리성이며 이산화탄소를 검출하는 대표적인 시약으로 사용된다. 석회수($Ca(OH)_2$)가 이산화탄소(CO_2)와 만나면 탄산칼슘($CaCO_3$)과 물(H_2O)이 되는데 탄산칼슘은 물에 녹지 않으므로 흰색의 앙금이 생겨 뿌옇게 흐려진다.

서 탄산칼슘을 침전시켰습니다. 아이들은 화성암과 퇴적암 등 다양한 종류의 암석이 지구의 표면에서 형성되는 과정에 대해 연구하고 그러한 암석들이 어떤 곳에 있는지에 대해 계속 연구해 나갔습니다. 그러고는 미국, 하와이, 푸에르토리코의 지형에서 나타나는 특징과 인간의 직업에 다양한 암석이 미치는 영향에 대해 계속 연구했습니다. 그리하여 아이들이 한 지질학적 기록들은 마침내 현 시대의 인간의 삶을 상세히 설명할 수 있게 됩니다. [이러한 과정을 통해] 아이들은 여러 시대에 걸쳐 발생하는 지질학적 과정과 현대 산업사회의 직업을 결정하는 물리적 조건이 어떻게 관련되어 있는지를 보고 느낄 수 있었습니다.

저는 '학교와 아동의 삶'이라는 주제와 관련된 많은 것 중에서 단 한 가지 주제만을 선정하여 이야기했습니다. 그 이유는 그 하나가 다른 것보다 더 큰 걸림돌이고, 사람들에게 더 많은 어려움이 된다는 것을 알기 때문입니다. 사람들은 학교가 아동이 진정으로 살아 있는 곳이 되어야 하고, 아이가 기쁜 마음으로 삶의 경험을 얻고 자신에게 의미 있는 것을 찾는 곳이 되어야 한다고 생각할 것입니다. 그러나 우리는 "이러한 토대에서 어떻게 아이가 필요한 정보를 얻을 수 있습니까? 어떻게 필수적인 훈육을 경험하게 됩니까?"라는 질문을 받습니다. 그렇습니다. 대부분은 아니라 해도, 많은 사람이 삶의 평범한 과정에서 정보를 얻고 훈육을 경험하는 것은 불가능하다고 여깁니다. 그래서 저는 매우 일반적이고 불충분한 방식이기는 하지만(학교의 일상적인 작동방식에서, 오로지 학교만이 상세하고 가치 있는 표현을 제공할 수 있기 때문), 어떻게 그 문제가 저절로 해결되는지, 즉 어떻게 인간 본성의 가장 기본적인 본능을 파악할 수 있는지를 보여주려고 노력했습니다. 그리고 어떻게 하면 적절한 매개체를 제공하여 아동의 성장을 촉진하고, 과거의 교육이 이상(ideal)으로 삼았던 기술적인 정보와 훈육이라는 성과도 훨씬 많이 얻을 수 있는지 보여주고자 했습니다.

그러나 제가 (보편적으로 제기되는 문제에 대해 양보한[20]) 이런 특별한 방식의 접근법을 선택했다 할지라도, 그 문제를 이처럼 다소 소극적이고 설명이 필요한 상태로 남겨두지는 않을 것입니다. 어쨌든 간에 삶은 위대한 것입니다. 아동의 삶은 시간과 양에서 성인의 삶 못지않습니다. 사실 아동이 현재(now) 필요로 하는 관심, 풍부하고 가치 있는 삶을 살 수 있는지에 대한 지적이고 진지한 관심이 나중에 성인의 삶에서 필요한 것들과 갈등을 일으킬 것이라는 생각이야말로 이상한 것입니다. '아이들과 더불어 살아가자'는 말은 우리 아이들이 현재 삶에 적합하지 않는 사항들과 여러 가지 조건에 의해 성장을 방해받고 저지당하는 삶을 살아서는 안 된다는 것을 의미합니다. 만약 우리가 교육적인 의미에서 천국을 추구한다면, 다른 모든 것은 자연스럽게 뒤따라올 것입니다. 즉, 우리가 아동기의 본능과 욕구를 가졌다고 생각하고, 아이의 본능과 욕구를 충분히 발휘하고 성장할 수 있도록 한다면 훈육

---

[20] [역주] 여기에서 보편적으로 제기되는 문제란 앞서 언급한 것으로, 아동의 활동과 삶에만 초점을 둘 경우 필수적인 정보와 훈육을 얻지 못할 것이라는 문제 제기를 의미한다. 이에 대해 듀이는 오히려 그런 방식의 교육이 아동의 성장을 촉진하고, 지식과 정보, 훈육도 더 많이 경험하게 할 것이라고 반박했다. 전통적인 교육에서 중시하던 지식과 정보, 훈육을 더 많이 획득한다는 근거를 들어 자신의 교육 방식을 정당화했기에 한발 양보한 접근법이라고 한 것으로 보인다.

과 정보, 성숙한 삶을 위한 교양을 적당한 시기에 모두 얻을 것입니다.

교양(culture)에 대한 이야기는 제가 아동의 활동 바깥에서만 이야기해 왔다는 것을 상기시킵니다. 저는 아동이 가진, 말하고, 만들고, 조사하여 발견해 내고, 창조하고자 하는 충동을 외적으로 표현하는 것에 대해서만 이야기를 해왔습니다. 그러나 아동은 가상적인 가치의 세계, 오직 불완전한 방식으로만 외적으로 구체화될 수 있는 아이디어들의 세계에 살고 있습니다. 오늘날 우리는 아동의 '상상력' 함양에 관하여 많은 이야기를 듣습니다. 그런데 우리는 상상력이 아동의 특별한 부분이라는 믿음, 상상력이 비현실적이고 가상적인 것, 신화나 꾸며낸 이야기들처럼 특정한 방식으로 충족된다고 믿어버림으로써 우리 자신의 이야기와 작업의 많은 부분을 망쳐버립니다. 왜 우리는 그처럼 딱딱하게 굳은 심장을 가지고 있으며, 왜 그렇게 늦게 믿습니까? 아동은 상상력이라는 매개체 속에서 살아갑니다. 아동에게는 상상력이 어디에나 존재합니다. (어른들이 보기에) 무의미하고 중요해 보이지 않아도 아동의 마음이 조금이라도 가 있고, 아동이 조금이라도 활동하는 곳 어디에나 상상력이 있습니다.

따라서 아동의 삶과 학교의 관계에 대한 질문은 근본적으로 다음과 같은 것이 됩니다. "우리는 살아 있는 아동이 아니라 우리가 만들어낸 죽은 이미지를 대하면서 아동의 타고난 환경과 성향을 무시할 것인가? 아니면 그러한 성향을 발휘하도록 하고 충족시켜줄 것인가?" 만약 우리가 한 번만이라도 삶을, 아동의 삶을 믿는다면, 앞서 이야기한 모든 일(occupations)이 활용되기를 바랄 것입니다. 그리고 아동의 상상력을 이끌어내는 도구이자 상상력을 배양하는 재료이며 아동의 삶을 풍요롭고 질서 있게 만들어주는 역사와 과학을 바랄 것입니다. 지금 우리가 겉으로 드러나는 행위와 외형적인 산물만을 보는 곳에서, 그러한 모든 가시적인 결과를 넘어서는 정신적인 태도의 재조정이 이루어지고 있습니다. 또한 더욱 넓고 공감 가는 비전(vision), 성장하는 힘에 대한 감각이 있습니다. 그리고 통찰력과 역량(capacity)을 기꺼이 세계와 인간에 대한 이해관심과 동일시(identification)할 수 있는 능력이 있습니다.

만약 교양을 쌓는다는 것이 빛 좋은 개살구처럼[21] 겉만 번지르르하게 만드는 것이 아니라면, 교양은 분명 개인이 자연의 삶과 사회의 삶에 대해 잘 알게 될 때까지 유연성, 범위, 공감에 있어서 상상력이 성장하는 것을 의미합니다. 자연과 사회가 학교 교실에서 존재할 수 있을 때, 경험이라는 실체(substance)가 학습의 형태와 도구들을 좌우할 때, 통찰력과 역량을 세계와 인간에 대한 관심과 동일시할 수 있을 것입니다. 그리고 그때 교양은 민주주의로 들어가는 열쇠가 될 것입니다.

3. 교육에서의 낭비

오늘의 주제는 '교육에서의 낭비'입니다. 먼저 앞의 두 강연과 이

---

21) [역주] 원문에는 "보통의 나무를 마호가니로 덮어씌운 것처럼"이라고 적혀 있었으나, 이해를 돕기 위해 "겉모습만 번지르르하다"는 의미의 우리나라 속담을 사용했다.

주제의 관련성에 대해 간단하게 이야기하겠습니다. 첫 번째 강연에서는 학교를 사회적 측면에서 살펴보고, 현재의 사회적 조건에서 학교를 효과적인 것으로 만들기 위해 꼭 필요한 재조정에 대해 이야기했습니다. 그리고 두 번째 강연에서는 학교와 아동의 성장과의 관계를 다루었습니다. 이제 세 번째 강연에서는 사회와 학교 구성원인 아이들 둘 다와의 관계 속에서 하나의 제도(institution)로서 학교에 대해 이야기하도록 하겠습니다.

오늘 강연에서는 조직(organization)의 문제를 다룰 것입니다. 모든 낭비의 문제는 조직화가 되지 않아서 발생하며, 그 이유는 경제성과 효율성을 촉진하는 조직 이면에 있습니다. 이것은 돈을 낭비하는 문제나 물건을 낭비하는 문제가 아닙니다. [물론] 이런 문제들도 중요합니다. 그러나 근본적인 낭비는 인간의 삶에 있어서의 낭비입니다. 즉, 부적절하고 잘못된 준비로 인해 아이들이 학교에 있는 동안 나타나는 낭비, 그리고 학교를 떠난 후에 나타날 아이들의 삶에 있어서의 낭비입니다.

그래서 조직에 대해 이야기할 때, 우리는 '학교 시스템'이라는 이름으로 행해지는 것, 즉 학교 위원회, 관리자, 학교 건물, 교사의 고용과 승진 등 단순히 외적인 것만을 생각하지 않습니다. 이러한 것들을 포함하기는 하지만, 근본적으로 다른 형태의 사회적 삶과의 관계 속에서, 개인들의 공동체로서 학교 자체의 조직을 의미합니다.

모든 낭비는 단절(isolation) 때문에 생겨납니다. 조직은 어떤 것을 서로 연계시켜 그것들이 쉽고 융통성 있게, 그리고 충분하게 작동하도록 만드는 것일 뿐입니다. 따라서 교육에서의 낭비에 대해 이야기하면서, 저는 여러분이 학교 시스템의 다양한 부분이 서로 단절되어 있다는 것, 그리고 교육의 목적이 통일되어 있지 않다는 것에 주목하기를 바랍니다. 또한 학문 및 교육의 방법에서 정합성(coherence)이 결여되어 있다는 것에 주목하기를 바랍니다.

학교 시스템 그 자체의 단절에 대해 이야기하는 동안 여러분의 시선을 끌고, 설명하는 시간을 조금 절약할 수 있도록 도표 I을 만들었습니다. 비꼬는 것을 좋아하는 제 친구는 이 도표에 대해 그처럼 모호한 삽화는 또 없을 거라고 말했습니다. 그리고 삽화를 통해 핵심주장을 전달하려는 저의 시도가 그의 말이 진실이라는 것을 증명할 거라고 말했습니다.

[도표 I에서 각각의] 사각형은 교육 시스템 내의 다양한 요소를 나타내며, 각각의 요소에 주어진 시간을 대략적으로 보여주기 위해 만들었습니다. 그리고 시간과 학습한 교과에 있어서 일부 시스템이 중첩되는 것을 나타내고자 했습니다. 각각의 사각형과 함께, 그것이 생겨나게 된 역사적인 배경과 그것이 추구하는 주된 이상(ideal)을 제시했습니다.

전체적으로 학교 시스템은 하향식(top down)으로 발달해 왔습니다. 중세 시대의 학교 시스템은 본래 일군의 직업전문학교(professional school)로, 특히 법학과 신학을 가르치는 곳이었습니다. 현재 우리의 대학(university)은 중세 시대로부터 이어져 왔습니다. 저는 현재의 대학이 중세풍의 기관이라고 말하려는 것이 아니라, 현재의 대학이 중세에 뿌리를 두고 있으며, 학습에 대한 모든 중세풍의 전통에서 벗어나지 못했다는 것을 말하려는 것입니다.

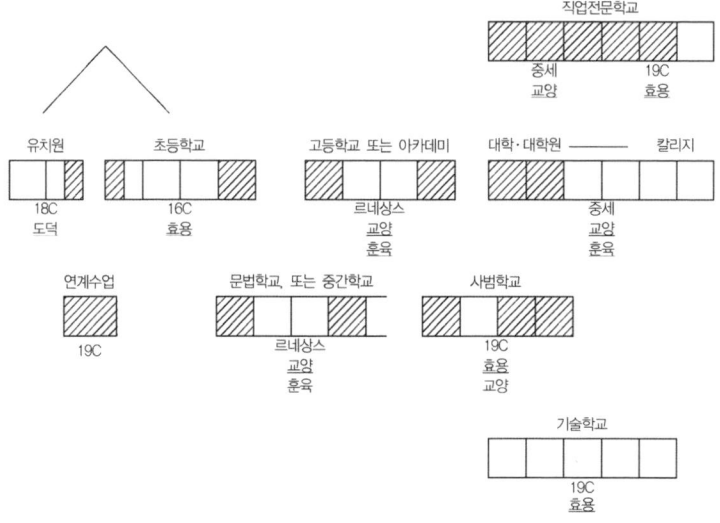

도표 I

19세기에 등장한 유치원은 보육원과 셸링(Schelling) 철학이 결합되어 만들어진 것입니다.[22] 즉, 셸링의 매우 낭만적이고 상징적인 철학과, 어머니가 자신의 아이들을 데리고 하는 활동과 놀이가 결합된 것이 오늘날의 유치원입니다. 아동의 삶에 대한 실제적인 연구로부터 나온 요소—보육원의 지속—들은 모든 교육에 생명을 불어넣어주는 힘으로 남아 있었습니다. [그러나] 셸링식

---

22) [역주] 세계 최초로 유치원을 세운 사람은 독일의 교육자 프뢰벨이었다. 그는 페스탈로치와 셸링(Friedrich Wilhelm Joseph von Schelling) 등의 독일 낭만주의의 영향을 많이 받았다. 특히 프뢰벨이 예나 대학에 진학했을 당시 그 대학에 교수로 있던 셸링의 강의와 저술 등을 통해 자연에 대한 신비적이고 낭만적이며 이상주의적인 사상을 갖게 되었다. 여기에서 듀이가 오늘날의 유치원이 보육원과 셸링의 철학이 결합된 것이라고 말한 것은 바로 유치원의 설립자인 프뢰벨이 셸링 철학의 영향을 많이 받았기 때문으로 보인다.

의 낭만적이고 상징적인 요소들은 유치원과 나머지 학교 시스템 간의 단절을 가져오는 장애물을 만들었습니다.[23)]

[도표 I에서] 유치원과 초등학교 위에 그려진 선은 유치원과 초등학교 간에 특정한 상호작용이 있음을 나타냅니다. 왜냐하면 초등학교가 아동의 삶의 자연스러운 이해관심과 관계를 맺지 못한다면, 초등학교는 유치원과 단절되고, 따라서 현재 유치원에서 사용하는 방법들을 초등학교에 도입하는 것이 문제가 되기 때문입니다. 이것은 이른바 교실수업을 연결하는(connecting class) 문제입니다. 교실수업을 연결하는 것이 어려운 이유는 유치원과 초등학교가 출발부터 같지 않기 때문입니다. [이 상황에서] 유치원과 초등학교를 연결하기 위해 교사는 엄청난 노력을 해야만 합니다.

목적의 측면에서 보면, 유치원은 가르침이나 훈육보다는 아동의 도덕적 발달을 이상(ideal)으로 추구했습니다. 이러한 이상은 때때로 감성을 강조했습니다. [반면] 초등학교는 인쇄술의 발명과 상업의 성장으로 읽고, 쓰고, 셈하는 법을 아는 것이 일을 하는 데 필수적이었던, 16세기의 대중적인 움직임 속에서 생겨났습니다. 초등학교는 특히 실제적인 것, 즉 효용(utility)을 목적으로 했습니다. 따라서 읽고 쓰고 셈하는 것과 같은 도구, 학습의 상징을 익히는 것은 학습 그 자체를 위한 것이 아니었습니다. 그러한 것을 배우는 이유는 읽고, 쓰고, 셈하는 법을 알게 되면 이를 배우지 않는 사람은 접근할 수 없는 직업에 접근할 수 있었기 때문

---

23) [역주] 듀이는 아동의 실제 삶과 경험을 중시하므로 셸링의 낭만주의적이고 상징적인 철학의 영향을 부정적으로 본 듯하다.

입니다.

초등학교 다음으로 나타나는 것은 문법학교(grammar school)[24]입니다. 문법학교라는 용어는 서양에서는 많이 사용되지 않았지만, 동양의 국가들에서는 일반적입니다. 그것은 배운 것을 그대로 재생하는 시대 ─ 초등학교가 생기기 조금 더 이전 시대, 심지어 다른 이상(ideal)을 가지는 동시대 ─ 로 돌아갑니다. 문법학교는 더욱 고차원적인 의미에서 언어의 학습과 관련이 있었습니다. 왜냐하면 르네상스 시대에는 라틴어와 그리스어가 사람들을 과거의 문화, 즉 그리스·로마 세계와 연결해 주었기 때문입니다.

고전적인 언어는 중세의 한계를 벗어나는 유일한 수단이었습니다. 그래서 대학(대부분 직업적인 특성을 가짐)보다는 자유교양교육의 성격을 가진 문법학교의 원형(prototype)이 생겨났습니다. 왜냐하면 더 커다란 지평을 가지고 세계를 볼 수 있도록, 고대의 지식으로 들어가는 열쇠를 사람들에게 주는 것이 목적이었기 때문입니다. 그 목적은 1차적으로는 교양, 2차적으로는 훈육이었습니다. 그러한 문법학교는 오늘날의 문법학교들보다 훨씬 많은 것을 나타내는데, 칼리지(college)[25] 내의 교양교육적 요소였으며, 아래로 확대되어 아카데미[26]와 고등학교가 되었습니다.

---

24) [역주] grammar school : 오늘날 중등교육의 원형으로서, 12~13세기 로마의 중등학교는 주로 그리스어 문법, 문학 등을 가르쳐 장차 학자가 되기 위한 준비 또는 정치가 양성에 주력했다. 17~18세기 영국의 문법학교는 상층계급의 중등교육기관으로 발족했으나 이후에는 능력만 있으면 가난한 사람들도 입학할 수 있는 학교가 되었다. 문법학교는 프랑스, 독일, 미국 등에서도 인문주의 중등학교로 등장하여 고전학습에 중점을 두었다.

25) [역주] 이 책에서는 university를 '대학'으로 college는 영어발음 그대로 '칼리지'라고 번역했다.

그래서 중등학교는 여전히 (몇 세기 전의 칼리지보다는 훨씬 더 높은 커리큘럼을 가진) 하급 칼리지나 칼리지에 가기 위한 예비 학부의 성격을 가지고 있으며, 또 다른 부분에서는 초등학교의 실용성을 일제히 모아놓은 것이 되었습니다.

그 다음에는 19세기의 두 가지 산물인 기술학교와 사범학교가 나타납니다. 초등학교가 16세기 경제적 조건의 발달에 따른 산물이었던 것처럼, 기술이나 공학을 가르치는 학교들은 주로 19세기 상업적 조건이 발달하면서 만들어졌습니다. 그리고 사범학교는 직업훈련을 시키고 교양을 기른다는 생각과 함께 교사를 훈련시켜야 할 필요성 때문에 생겨났습니다.

그에 대해서는 더 상세하게 논의하지 않고, 도표에 나타난 학교 시스템의 여덟 가지 다른 부분들을 살펴보겠습니다. 이 모든 것은 역사적으로 다른 시기에 생겨났고, 다른 이상들(ideals)을 추구하며, 결론적으로 다른 방법을 사용합니다. 저는 과거에 존재했던, 학교 시스템 각 부분들 간의 모든 단절과 분리가 여전히 존속한다고 말하고 싶지는 않지만 우리는 그것들이 아직 하나의 완전한 시스템으로 융합되지 않았다는 것을 인정해야 합니다. 행정적 측면에서 교육의 가장 큰 과제는 이런 다른 부분들을 결합하는 것입니다.

---

26) [역주] academy : 예술가, 문필가, 학자 등 전문가 집단으로 대부분 교육적인 기능을 가지고 있다. '아카데미'라는 명칭은 고대 그리스의 플라톤이 아테네 교외에 개설한 학원 아카데메이아(Akademeia)에서 유래했으며, 르네상스 시기에는 인문주의자나 예술가들의 모임을 이렇게 불렀다. 정식으로 조직화된 최초의 아카데미는 16세기 바치오 반디넬리가 로마에 창설한 아카데미아(1531)이며, 이후 많은 아카데미가 생겨났다.

교사들을 훈련시키는 학교, 즉 사범학교를 생각해 보십시오. 사범학교는 현재 고등학교와 칼리지 사이의 중간(intermediate)이라는 다소 예외적인 위치에 놓여 있습니다. 사범학교는 고등학교에서의 준비를 필요로 하며, 칼리지에서 하는 업무도 일정 정도 포함하고 있습니다. 사범학교의 목표는 무엇을(what) 가르칠 것인가보다 어떻게(how) 가르칠 것인가를 훈련시키는 것이었기 때문에, 학문의 고차원적인 주제와는 단절되어 있습니다. 한편 우리가 칼리지에 간다면, 단절의 또 다른 반쪽을 발견할 수 있습니다. 즉, 칼리지에서 우리는 교수법(method of teaching)을 경멸하면서 무엇을 가르칠 것인가에 대해 배우는 사람들을 발견하게 됩니다. 칼리지는 아동과 청년을 연결해 주지 않습니다. 가정으로부터 멀리 떨어져서 자신의 아동기를 잊어버린 칼리지의 구성원들은 많은 양의 교과내용에 대해서는 잘 알지만, 교과내용이 그것을 배울 사람들의 정신과 어떻게 관련되는지에 대해서는 거의 알지 못하는 교사가 됩니다. 가르치는 내용과 가르치는 방법 간의 이러한 분리로 인해 각각의 측면 모두가 고통을 겪습니다.

초등학교, 문법학교, 고등학교 간의 상호 관계를 규명하는 것은 흥미로운 일입니다. 초등학교는 옛날 뉴잉글랜드 문법학교에서 가르쳤던 많은 교과를 가져와서 받아들였습니다. 그리고 고등학교는 더 아래 학년의 아이들에게까지 고등학교의 교과를 가르치도록 합니다. 그 결과 라틴어와 대수학은 더 상급 학년에 포함되고, 결국 옛날 문법학교에는 7학년과 8학년만 남게 됩니다. 문법학교는 부분적으로는 아이들이 이미 배웠던 것(읽기, 쓰기, 셈하기)을 계속 배우는 곳입니다. 그리고 부분적으로는 고등학교에 가기 위한 준비를 하는 곳으로서 확실한 형체가 없는 혼합체입니다. 뉴 잉글랜드의 일부 지역에서는 이를 '중간학교(intermediate school)[27]' 라고 불렀습니다. 저는 그 이름이 적절하다고 생각합니다. 왜냐하면 그 학교에서 하는 일은 이전에 있어왔던 것과 앞으로 있을 것 사이를 단순히 매개하는 것이었으며, 자기 혼자서는 어떤 특별한 의미도 갖지 않았기 때문입니다.

각 부분들이 분리된 것처럼 그것들이 추구하는 이상도 도덕적 발달, 실제적 효용, 일반적인 교양, 훈육, 직업 훈련으로 분리되었습니다. 이러한 목적들은 교육 시스템의 몇몇 구별되는 부분에서 두드러지게 나타납니다. 그리고 부분들 간의 상호작용이 증가하면서, 각 부분들이 특정한 양의 교양, 훈육, 효용을 제공할 거라고 여겨집니다. 그러나 여전히 어떤 학문은 훈육에 좋고, 또 다른 학문은 교양에 좋은 것으로 간주된다는 사실에서 통일성이 결여되어 있다는 것이 드러납니다.

예를 들면 훈육을 위해서는 연산 과목의 어떤 부분이, 유용성 (use)을 위해서는 다른 부분이, 교양을 위해서는 문학이, 훈육을 위해서는 문법이, 효용과 교양을 어느 정도씩 다 갖추기 위해서는

---

27) [역주] 중간학교(中間學校, intermediate school) : 복선형 학교제도에서 중등학교 계통과 초등학교 계통의 중간에 있는 학교로서, 영국의 센트럴 스쿨 (central school)이나 독일의 미텔슐레(Mittelschule)가 여기에 속한다. 교육내용이나 수업 연한상으로 초등학교보다 정도가 높고, 교사의 자격이나 감독청 등은 초등학교와 동일하여 중등교육기관에 속하지 않는 중간적 성격을 가지고 있다. 한편 미국에서는 전혀 다른 의미로 사용되어 초등학교의 중간학년(4~6학년)을 수용하는 학교를 말하거나 학교단계의 중간에 위치하여 상급 학교의 준비교육을 실시하는 학교를 의미하며 중계(中繼)학교라는 뜻으로 사용되기도 한다.

지리학이 좋다는 식입니다. [그런 상황에서] 교육의 통일성은 사라져버리고 학문들은 서로 멀어지게(centrifugal) 됩니다. 즉, 이 학문은 이러한 목적을 확보하려고 하고, 저 학문은 다른 목적을 확보하려고 합니다. 이런 현상이 계속되면 전체적인 그림은 서로 경쟁하는 목적과 이질적인 학문을 절충해 놓은 것, 서로 다른 조각들을 짜깁기한 것이 됩니다. 행정적인 측면에서 교육의 가장 큰 문제는 서로 관련이 없는 부분과 중첩되는 부분이 이어지는 곳에서 전체의 통일성을 확보하는 것, 그리하여 서로 적절하게 연결되지 않은 채 다음으로 이행한 결과 발생하는 마찰, 반복, 낭비를 줄이는 것입니다.

 도표 II에서, 저는 교육 시스템의 각 부분들을 결합하기 위한 유일한 방법은 각각을 삶과 결합하는 것이라고 제안하고 싶습니다. 우리가 학교 시스템에만 눈길을 준다면 인위적인 통일성밖에 얻을 수 없습니다. 우리는 학교 시스템을 사회적 삶이라는 더욱 커다란 전체의 부분으로 봐야 합니다. 중간에 있는 사각형 (A)는 하나의 전체로서 학교 시스템을 나타냅니다. ① 사각형의 오른쪽 면에는 가정이 있고, 두 개의 화살표는 가정에서의 삶과 학교에서의 삶 간의 영향, 물질과 생각들의 자유로운 상호작용을 나타냅니다. ② 사각형의 아래쪽에서 우리는 자연환경, 즉 지리학의 거대한 장(field)과 관계를 맺습니다. 학교 건물은 그 주변에 자연환경을 가지고 있습니다. 학교 건물은 정원 속에 있어야만 하고, 아이들은 그 정원에서 주위의 들판으로, 그러고는 더 넓은 전원(country)으로 인도될 것입니다. ③ 사각형의 위쪽은 경제활동과 관련된 삶을 나타냅니다. 그리고 학교와 산업의 요구 및 영향력

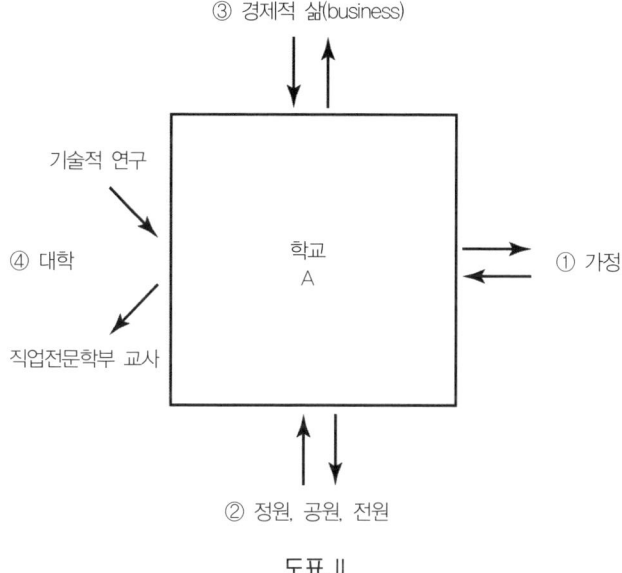

도표 II

간에 자유로운 상호작용(play)이 필요하다는 것을 나타냅니다. ④ 사각형의 왼쪽 면에는 다양한 모습을 가진, 제대로 된 대학이 있습니다. 그 대학은 실험실이 있고, 도서관과 박물관에 자원들을 가지고 있으며, 직업과 관련된 전문 학부를 갖추고 있습니다.

아동의 관점에서 볼 때, 학교에서의 커다란 낭비는 아동이 학교 바깥에서 얻는 경험을 학교 내에서 완전하고 자유로운 방식으로 활용할 수 없다는 것에서 비롯됩니다. 다른 한편으로 아동은 학교에서 배우는 것을 일상의 삶에 적용하지 못합니다. 그것은 학교의 단절, 즉 삶과 학교가 단절되어 있다는 것을 의미합니다. 아이는 교실에 들어갈 때는 가정과 지역사회에 널리 퍼져 있는 많은 생각, 이해관심, 활동에 대한 생각을 멈추어야 합니다. 이처럼 일상적인 경험을 활용할 수 없는 곳이 되어버린 학교는, 아이에게 학교 공부에 대한 관심을 불러일으키기 위해 또 다른 방식의 다양한 수단을 이용해 힘겨운 노력을 합니다.

몇 해 전 제가 멀린(Moline)이라는 도시를 방문했을 때의 일입니다. 그곳의 교육장은 매년 많은 학생이 교과서에 나오는 미시시피 강과 학생들의 가정에서 흘러나오는 물줄기가 관련되어 있다는 것을 배우고는 놀라워한다고 이야기했습니다. 지리학이 교실 수업의 소재가 될 때, 많은 아이는 [지리학 시간에 배우는] 모든 것은 자신들이 매일 보고, 느끼고, 만지는 사실들을 더욱 형식적이고 명확하게 서술한 것일 뿐이라는 것을 깨닫게 됩니다. 우리는 모두 지구상에 살고 있으며, 대기 속에서 살고 있다고, 우리의 삶은 매순간 흙과 동식물의 영향을 받고 빛과 열의 도움을 받는다고 생각해 봅시다. 그리고 난 후에 지리학이라는 학교 공부가 어떠했는지 생각해 보면, 학교에서 제공된 많은 학습 자료가 아동의 일상적인 경험과 아주 많이 단절되어 있다는 것을 알게 됩니다. 이것은 하나의 사례일 뿐이지만, 우리들 대부분은 학교가 현재 가지고 있는 인공적인 성격이 당연하거나 필연적인 것이 아니라는 것을 받아들이기 전에 오랫동안 이에 대해 곰곰이 생각했을 것입니다.

학교와 경제적 삶(business life)이 유기적으로 연결되어 있어야 한다는 말은 학교가 특정한 일을 위해 아동을 준비시키기 위한 곳이라는 의미가 아니라, 아동의 일상적 삶과 그를 둘러싼 경제적 환경이 자연스럽게 연관되어 있어야 한다는 것을 의미합니다. 그리고 학교가 해야 할 일은 상업지리와 상업연산 같은 특별한 교과목을 도입하는 것이 아니라, 학교와 경제적 삶 간에 관계의 끈을 일상적으로 이어감으로써 이러한 연관성을 명확히 하고 [효용중심적인 사고로부터] 자유로워지며, 학생들이 그런 연관성을 의식하도록 하는 것임을 의미합니다.

　오늘날 많은 연산(arithmetic) 과목 중에 컴파운드 비즈니스 파트너십(compound-business-partnership)[28]이라는 교과는 아마 없을 것입니다. 설령 그 교과가 존재한 것이 아직 한 세기도 지나지 않았다고 할지라도 지금은 없을 것입니다. 컴파운드 비즈니스 파트너십이라는 교과는 16세기에 생겨났습니다. 당시는 아직 주식합명회사(joint-stock company)가 만들어지지 않았고, 인도 및 미국과의 교역이 증가하면서 이를 처리할 자본을 축적하는 것이 필수적이었습니다. 이런 상황에서 어떤 사람이 "나는 6개월 동안 이만큼의 돈을 투자할 거야."라고 말하면, 또 다른 사람은 "나는 2년 동안 그만큼 투자할게."라고 말했습니다. 이와 같이 함께 연합함으로써, 그들은 자신들의 사업을 일으키기 위한 충분한 돈을 가지게 되었습니다. 그리고 자연스럽게 학교에서 '컴파운드 파트너십'을 가르치게 되었고 나중에 주식합명회사가 만들어지자 컴파운드 파트너십이라는 과목은 사라졌습니다.

　그러나 컴파운드 파트너십과 관련된 문제들은 200년 동안 연산 과목에 남아 있었습니다. 그것들은 실제적인 효용이 사라진 후에도 정신적인 훈육을 위해 계속 남아 있었으며, 여러분도 알다시피 '아주 어려운 문제들'이었습니다. 지금 연산 과목에서 높은 비

---

28) [역주] 이 글에서 말하는 compound business는 오늘날에는 잘 사용하지 않는 용어로, 여러 사람이 자본을 모아 공동으로 투자한 사업을 의미하는데, 이를 표현할 적절한 용어를 찾지 못해 원어를 그대로 사용했다.

율을 차지하는 많은 것들도 똑같이 매우 어렵습니다. 너무 복잡해서 오래전 은행가들도 생략할 정도였던 손익 손실 계산, 은행에서 발행하는 다양한 형태의 어음 할인을 12살, 13살의 아이가 배웁니다. 그리고 사업(business)이 [실제] 이런 식으로 이루어지지 않았다는 지적을 받을 때면, 또다시 '정신적 훈육'에 대한 이야기가 나옵니다. 하지만 아동의 경험과 경제적 조건들 간에는 활용되고 조명될 필요가 있는 실제적인 연관성이 충분히 있습니다. 아동은 상업연산과 상업지리를 단절된 교과로서가 아니라, 사회적 환경과의 관계 속에서 배워야 합니다. 젊은이들은 근대적 삶의 한 요소로서 은행이 무엇을 하는지, 어떻게 일을 하는지 알 필요가 있습니다. 그러고 나면 관련된 연산의 과정이 의미를 갖게 될 것입니다. 그리고 그것은 우리의 모든 연산 과목에서 발견되는 백분율, 부분 지불 등과 같이 오랜 시간을 필요로 하고 우리의 정신을 말살시키는 사례들과 매우 대조적입니다.

도표 II에 나타난 것처럼, 대학과의 관련성은 길게 논할 필요가 없습니다. 저는 학교 시스템의 모든 부분들 간에 자유로운 상호작용이 있어야 한다는 것을 보여주고 싶을 뿐입니다. [사실] 초등교육과 중등교육 과정에는 매우 뻔한 교과 내용이 많습니다. 그 교과 내용을 살펴보면, 사실이 아닌데 사실이라고 가르치는 것이 가득하다는 것과 배우지 않아도 되는 것이 많다는 것을 알게 됩니다. 이것은 현재 학교 시스템의 '하위' 부분이 '상위' 부분과 연관을 맺지 못하고 있기 때문에 발생하는 일입니다.

대학(university)이나 칼리지(college)는 연구가 계속되는 연구 공간이자, 과거로부터 전해진 최고의 자원들이 모이고, 유지·

조직되는, 도서관과 박물관이 있는 공간입니다. 그러나 오로지 탐구하는 자세를 통해서만, 탐구하는 자세와 함께할 때만 탐구 정신을 획득할 수 있다는 것은 대학뿐 아니라 [초·중등] 학교에서도 마찬가지입니다. 학생들은 단지 사소한 것에 불과한 것들이 아니라 의미 있는 것, 지평을 넓혀주는 것을 배워야 합니다. 학생들은 50년 전에나 통했던 사실이나, 부분적 지식을 가진 교사가 흥미 있는 것이라고 오해하는 것이 아니라 진리를 숙지해야 합니다. 저는 교육 시스템에서 가장 상급에 있는 대학이 가장 기초적인 초등학교와 상호작용을 하고 있지 않다면, 지평을 넓히고 진리를 숙지하는 것이 어떻게 달성될 수 있는지 이해하기 어렵습니다.

도표 III은 도표 II를 확장한 것입니다. 가정, 정원과 전원, 경제적 삶과 대학의 관계와 같은 주변 환경은 똑같이 남겨둔 채, 학교 건물만 확대했습니다. 학교 건물을 확대하는 이유는 사회적 삶과의 유기적인 관련성을 확보하고 단절 상태로부터 벗어나기 위해서 학교가 어떻게 되어야 하는지를 보여주기 위해서입니다. 우리가 갖고 싶어 하는 것은 학교 건물에 대한 건축가의 계획이 아니라, 우리가 원하는 것을 학교 건물에 구현한 그림입니다. 여러분은 도표의 아래쪽에서 식당과 조리실을 볼 수 있고, 맨 위쪽에서 목재와 금속 작업실, 그리고 바느질과 옷감을 짜기 위한 직물 작업실을 볼 수 있습니다. 가운데에는 모든 것이 합쳐지는 방식을 보여주는 도서관이 있습니다. 도서관은 실제 작업에 실마리를 던져주고, 의미와 자유로운 교양의 중요성을 부여해 주는 온갖 종류의 지적 자원들이 모여 있는 곳으로, 지적 자원들의 집합 속에서 모든 것이 합쳐지는 방식을 나타냅니다.

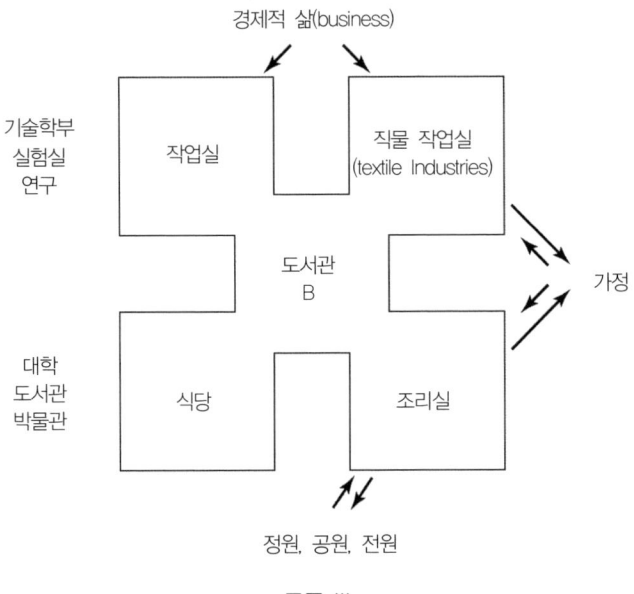

도표 III

만약 4개의 모퉁이가 실천(practice)을 나타낸다면, 그 내부는 실제적 활동들의 이론을 나타냅니다. 다시 말해, 학교에서 이루어지는 이러한 형태의 실천은 실천 그 자체나 요리사, 재봉사, 목수, 석공(石工)의 전문적인 기술을 목표로 하지 않습니다. 실천의 목적은 사회적 측면에서는 삶과 실천의 관계 속에서 찾을 수 있습니다. 개인적인 측면에서 본다면, 실천은 행동하고 표현하며 어떤 것을 하려고 하는 아동의 욕구에 부합합니다. 그리고 단순히 수동적이고 순응적이 되는 것이 아니라, 구성적이고 창조적이 되려는 아동의 욕구에 부합합니다.

이러한 실천들은 사회적인 측면과 개인적인 측면의 균형을 유지시킨다는 점에서 커다란 의의를 가집니다. 도표 III은 특히 사회적인 측면과의 관련성을 나타냅니다. 오른쪽에 있는 가정과 학교의 조리실 및 직물 작업실(직조실) 사이에서 연결선이 얼마나 자연스럽게 움직이고 있습니까! 아이는 가정에서 배운 것을 학교에 가져가서 활용할 수 있습니다. 그리고 학교에서 배운 것을 가정에서 적용합니다. 이는 삶과 학교 간에 단절을 부수고 관계를 맺는 데 있어 중요한 두 가지 요소입니다. 아이는 이러한 관계 맺음을 통해 학교 바깥에서 얻은 모든 경험을 학교에 가지고 와서 일상적인 삶에서 즉시 사용할 수 있는 것들을 가지고 학교를 떠나게 됩니다.

아이는 몸은 건강하지만 정신(mind)은 마지못해서 학교에 옵니다. 사실상 아이는 학교에 몸과 정신을 둘 다 가져오지 않습니다. 아이는 정신을 남겨두고 학교에 가야 합니다. 왜냐하면 학교에서 정신을 사용할 방법이 없기 때문입니다. 만약 아이가 [어른들처럼] 추상적인 정신을 가지고 있다면, 학교에 정신을 가지고 올 수 있을 것입니다. 그러나 아이의 정신은 구체적인 사물들에 관심을 갖는 구체적인 것입니다. 그러므로 구체적인 것들이 학교 생활 속으로 전달되지 않는다면, 아이는 정신을 학교에 가지고 올 수 없습니다.

우리가 원하는 것은 아이가 온전한(whole) 정신과 온전한 몸으로 학교에 와서 더욱 충만한 정신과 건강해진 몸을 가지고 학교를 떠나는 것입니다. 그리고 신체에 관해 이야기한다면, 도표 III에는 체육관이 없지만 4개의 모퉁이에서 계속되는 활동적인 삶은 지속적인 육체적 운동이 이루어진다는 것을 뜻합니다. 동시에 체육관에서는 아이들의 특정한 허약함을 고칠 것이고, 아이들은 건강한 정신이 머무는 건강한 몸을 만들기 위해 더욱 애쓸 것입니다.

식당과 조리실이 전원(country)에서 일어나는 과정들, 그리고 전원의 산물과 관련되어 있다는 것은 말할 필요조차 없습니다. 우리는 요리가 전원에서의 삶이나 과학과 관련이 없다고 가르칠 수 있습니다. 어쩌면 이렇게 연관 짓지 않은 채 요리를 가르쳐 왔을 수도 있습니다. 그러나 조리실로 들어오는 모든 재료는 전원에 기원을 두고 있습니다. 그것들은 흙으로부터 왔고, 빛과 물의 영향으로 자랐으며, 다양한 지역적 환경을 나타냅니다. 정원(garden)에서 더 넓은 세계로 이어지는 이러한 연관성을 통해, 아이는 과학이라는 학문 속으로 자연스럽게 들어갑니다. 이러한 것들이 어디에서 자랄까? 이것들이 성장하는 데 무엇이 필요했을까? 흙과 이것들은 어떤 관계가 있을까? 다른 기후 조건들은 무엇일까? 이러한 질문을 통해 과학에 자연스럽게 입문하는 것입니다.

우리는 모두 옛날에 식물학에서 어떤 방식을 사용했는지 알고 있습니다. 예쁜 꽃을 수집하여 압착시켜 슬라이드에 올려놓거나 이러한 꽃을 조각내어 각각의 부분에 학술적인 명칭을 부여하고, 온갖 다른 잎을 찾아서 모양과 형태에 이름을 붙이는 방식이었습니다. 즉 흙, 전원, 성장에 대해서는 조금도 언급하지 않는, 식물에 대한 학문이었습니다. 반대로, 진정한 식물학은 식물을 단순히 먹을 것으로만 바라보지 않습니다. 진정한 식물학에서는 자연환경에서, 그리고 인간의 사회적 삶에서 식물이 사용되는 용도(uses)와 관련된 이해가 함께 이루어집니다.

요리는 아이에게 일상적인 경험과 직접적으로 관련된 것을 제공하면서도 동시에 화학이라는 학문에 자연스럽게 입문할 수 있도록 해줍니다. 저는 아주 지적인 한 여인이 어린아이들에게 어떻게 과학을 가르칠 수 있는지 이해할 수 없다고 말하는 것을 들은 적이 있습니다. 그녀가 그렇게 말한 것은 아이들이 원자와 분자를 어떻게 이해할 수 있는지 알지 못했기 때문입니다. 다시 말해, 그녀는 어떻게 매우 추상적인 사실을 일상적인 경험과 별개로 아이들에게 제시할 수 있는지를 이해하지 못했기 때문에, 어린아이에게 어떻게 과학을 가르칠 수 있는지를 이해할 수 없었던 것입니다. 이 이야기를 듣고 웃기 전에, 우리는 그녀 혼자만 그러한 생각을 하고 있었던 것인지, 아니면 그녀의 말이 학교에서 이루어지는 대부분의 실천들을 간단하게 나타내고 있는 것은 아닌지 스스로에게 물어볼 필요가 있습니다.

바깥 세계와 맺고 있는 그런 관계가 목공실과 직물 작업실에서도 발견됩니다. 목공실과 직물 작업실은 그곳에서 사용하는 재료의 원천으로서 전원(country)과 관련이 있고, 에너지를 적용하는 과학으로서 물리학과 관련이 있습니다. 그리고 상업 및 유통과 관련이 있고, 건축술과 장식술의 발달 속에서 예술과 관련을 맺습니다. 또한 대학의 기술학부와 공학부의 측면에서 보면 대학과도 밀접한 관련성을 가집니다. 그리고 대학 실험실의 과학적인 방법 및 결과물들과도 관련이 있습니다.

다시 도표 III의 도서관이 표시된 사각형 (B)를 봅시다. 만약 여러분이 네 개의 모퉁이에 반쯤 걸치고, 도서관에 반쯤 걸친 교실을 상상한다면, 문답교실(recitation room)[29)]에 대한 아이디어를 얻게 될 것입니다. 문답교실은 아이들이 스스로 발견한 경험, 문제, 질문, 특정한 사실을 가지고 와서 그에 대해 토론하고 새로운 빛을 발견하는 곳입니다. 특히 다른 사람들의 경험과 도서관이 상징하는 세계의 축적된 지혜로부터 새로운 관점을 발견하게 됩니다. 여기에서 이론과 실천이 유기적으로 연결됩니다. 아이는 어떤 것을 할 뿐만 아니라, 자신이 무엇을 하고 있는지에 대해 생각하기 때문입니다. 그리고 시작 단계부터 실천을 풍부하게 만들어주는 지적인 개념을 배우게 됩니다. 동시에 모든 생각이 직접적으로든 간접적으로든 경험 속에 적용되고 삶에 어떤 영향을 끼치게 됩니다. 이것은 교육에서 '책'이나 읽기(reading)가 차지하는 위치를 바로잡아줍니다. 즉, 경험의 대용품으로서 해로운 것으로 간주되었던, 책이나 읽기는 경험을 해석하고 확장하는 데 매우 중요한 것이 됩니다.

도표 IV도 정확히 똑같은 생각을 나타냅니다. 도표 IV는 이상적인 학교의 상징적인(symbolic) 윗부분에 대해 이야기해 줍니다. 위쪽 모퉁이에는 실험실들이 있고 아래쪽 모퉁이에는 시각예술과 청각예술을 위한 작업실이 있습니다. 조리실과 작업실에서 생겨나는 화학적 문제나 물리적 문제들, 질문들은 실험실로 가져가서 해결합니다. 예를 들면, 지난주에 물레를 사용하여 직물을 짜는 작업을 하던 상급생 중 한 명은 물레의 발판과 바퀴에 관련

---

29) [역주] 직역하면 암송교실이지만, 암송이라는 말이 가지는 보통의 의미가 여기에서 듀이가 말하고자 하는 것과는 잘 맞지 않으며—물론, 듀이는 암송을 색다른 관점에서 볼 수 있다고 언급한 바 있다. 그러나 일반적으로 주는 어감은 듀이의 생각과는 다르기 때문—내용상 학생들이 질문거리를 가지고 와서 서로 이야기하며 해결하는 곳이라는 점에서 '문답교실'이라고 번역했다.

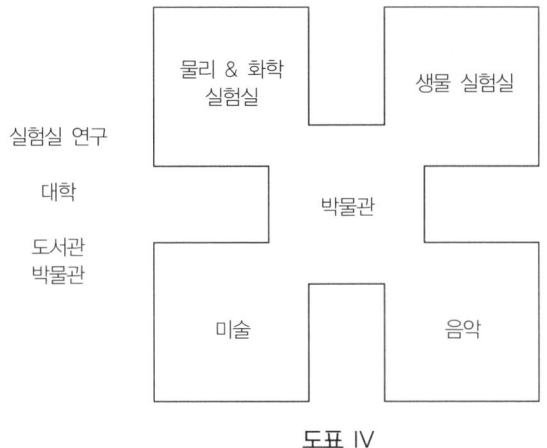

도표 IV

된 힘의 방향과, 바퀴와 물레 가락[30] 간의 속도비를 나타내는 표를 만들었습니다. 똑같은 방식으로 아이가 요리를 할 때 사용하는 식물은 식물학에 대한 구체적인 관심을 불러일으키는 토대가 될 수 있습니다. 그리고 아이들 스스로 식물학을 받아들이고 학습할 수도 있습니다. 보스턴에 있는 어떤 학교에서는 목화의 성장에 대해서 배우는 과정에서 몇 달 동안 과학 공부가 중심을 차지하고 있었으며, 거기에 매일 새로운 것이 도입되었습니다. 우리는 바느질을 하고 옷감을 짜는 데 필요한 재료를 제공해 주는 모든 식물을 가지고 비슷한 작업을 하기를 바랍니다. 그리고 이러한 사례들을 통해 실험실과 학교의 나머지 부분들 간의 관계가 드러나기를 바랍니다.

 그림과 음악 또는 시각예술이나 청각예술은 다듬어진 정도에

---

30) [역주] 물레 가락(spindle)은 물레로 실을 자아낼 때 실이 감기는 쇠꼬챙이를 의미한다.

있어서 모든 작업의 가장 높은 수준인 정점(culmination)이자 이상적인 상태를 나타냅니다. 저는 예술의 문제를 순수하게 문학적인 관점으로 보는 사람이 아니라면 누구나 진정한 예술이 장인(artisan)의 작업에서 생겨난다는 것을 인정할 거라고 생각합니다. 르네상스 시대의 예술이 위대한 이유는 생명체가 손으로 하는 기예(art)를 통해 탄생했기 때문입니다. 그러나 그러한 예술은 아무리 이상적이라 할지라도 단절된 분위기에서는 싹틀 수 없었으며, 편안하고 일상적인 삶 속에서 예술에 정신적인 의미를 부여하는 과정에서 지속되었습니다.

학교는 이러한 관계를 알아야 합니다. 단순히 장인(匠人)의 측면만으로는 협소합니다. 하지만 외부로부터 받아들여져 이식된 예술만으로는 강제적이고, 공허하며, 감상적이 되는 경향이 있습니다. 물론 제가 모든 예술 작업이 세세한 부분까지 학교의 다른 작업들과 연관되어 있어야 한다고 주장하는 것은 아닙니다. 통합(union)의 정신이 예술에 활력을 주고 다른 작업들에 깊이와 풍부함을 제공한다는 것을 말할 뿐입니다. 모든 예술은 신체 기관들, 즉 눈, 손, 귀, 목소리와 관련이 있습니다. 그리고 예술은 표현 기관들이 요구하는, 단순한 전문적인 기술 이상의 그 무엇입니다. 예술은 아이디어, 생각, 사물에 혼을 담아 표현하는 것과 관련이 있습니다. 그러나 예술은 많은 아이디어들 그 자체는 아닙니다. 예술은 생각을 표현하는 도구이자 생각을 생생하게 조합해 놓은 것입니다. 이러한 소합을 상징적으로 표현하자면, 이상적인 학교에서는 예술 작업이 여러 작업실의 조합으로 간주될 수 있으며, 도서관과 박물관이라는 정화장치를 거쳐 또다시 실행된다고 할 수 있습니다.

 그러한 종합(synthesis)의 한 사례로 직물 작업실(직조실)을 살펴봅시다. 저는 제가 바라는, 언젠가 갖게 될 미래의 학교에 대해 이야기하고 있는 중입니다. 직물 작업실(직조실)에서 기초가 되는 사실은 그것이 바느질, 실 잣기, 옷감 짜기 등이 실제로 이루어지는 하나의 작업실이라는 것입니다. 그곳에서 아이들은 재료들, 즉 비단, 면, 아마(亞麻), 모 등 다양한 직물과 직접적으로 관계를 맺게 됩니다. 동시에 이러한 재료들과의 관계맺음 속에서 정보가 나타납니다. 즉, 아이들은 각 재료의 기원, 역사, 특정한 용도에의 적용, 원재료를 이용하는 다양한 종류의 기계에 대한 정보를 얻게 됩니다. 그리고 이론적·실질적으로 연관된 문제를 처리하는 과정에서 훈육이 이루어집니다. 그러한 곳에서 교양을 습득할 수 있냐고요? 아이들은 과학적·역사적 조건들이 어떻게 서로 매개되고 결합되는지를 나타내는 재료들을 살펴봄으로써 그것들을 행동을 통해 얻은 기술적인 성취와 사고(thoughts)로 이해하는 법을 어느 정도 배웁니다. 또한 예술적인 아이디어가 교실에 도입되기 때문에 교양을 습득할 수 있습니다.

 이상적인 학교에는 다음과 같은 것들이 있을 것입니다. 우선, 제작(manufacture)의 다양한 단계에서 사용되는 재료들과, 가장 간단한 도구에서부터 가장 복잡한 도구까지 그러한 재료들을 처리하는 데 사용되는 도구들을 보여주는 완벽한 산업 박물관이 있을 것입니다. 그곳에는 그러한 재료들이 여기까지 오게 된 풍경과 상황, 즉 재료들이 원래 어디에서 탄생했는지, 그리고 어떤 것을 만드는데 그 재료들이 어떤 역할을 하는지를 실제로 보여주는 사진과 그림이 전시되어 있을 것입니다. [이처럼] 예술, 과학, 산업이 종합된 곳에서 그러한 사진과 그림을 통해 생생하고 지속적인 수업(lesson)이 이루어질 것입니다. 또한 거기에는 이탈리아, 프랑스, 일본, 동양의 직물 작품에 대한 더욱 완벽한 형태의 견본품들이 있을 것입니다. 그리고 생산에 들어간 디자인과 장식에 모티브를 제공했던 실제 물건들이 있을 것입니다.

문학은 『오디세이아(Odyssey)』에서의 페넬로페(Penelope)처럼,[31] 세계의 산업을 이상화된(idealized) 형태로 표현하는 데 일부분 기여할 것입니다. 『오디세이아』는 등장인물이 사회적 삶의 어떤 특정한 산업 단계를 적절하게 구현하기 때문에 문학작품의 고전(classic)이 되었습니다. 그래서 호머(Homer)로부터 오늘날까지 내려오는 동안, 그와 유사한 사실들이 지속적으로 예술의 용어로 바뀌어 이어집니다. 음악은 물레바퀴를 돌리며 부르는 스코틀랜드 민요에서부터 마르게리트(Marguerite)의 실 잣는 노래[32]나

---

31) [역주] 『Odyssey』는 고대 그리스의 시인 호머(Homer)의 작품으로 전해지는 대서사시로서, 주인공 오디세우스가 트로이 전쟁 후 10여 년에 걸친 표류와 모험 끝에 고향으로 돌아오는 내용을 담고 있다. 오디세우스가 전쟁터로 떠난 뒤 10년이 넘도록 돌아오지 않자, 고향 이타케의 저택에서는 젊은 귀족들이 모여들어 오디세우스의 아내 페넬로페에게 구혼을 하며 밤낮으로 연회를 열었다. 페넬로페는 이 구혼자들을 물리칠 방법을 궁리하다가 오디세우스의 아버지 라에르테스의 수의(壽衣)를 다 짤 때까지 기다리라고 말한다. 그녀는 낮에는 베를 짜고 밤에는 그것을 다시 풀면서 남편을 기다렸다고 한다. 듀이는 문학 속 등장인물이 그 시대의 사회적 상황과 산업적 조건을 반영하고 있다고 보았다. 그리고 남편을 기다리며 베를 짰던 페넬로페를 그 예로 제시하고 있다. 즉, 듀이는 '베를 짜는' 페넬로페라는 설정이 당시 사회의 산업과 생활상을 반영한다고 보고 있다.
32) [역주] 마르게리트(Marguerite)는 괴테의 『파우스트』를 바탕으로 만든 오페라에 등장하는 순진한 마을 처녀이다. 샤를 구노(Charles Gounod)가 1859

바그너(Wagner)의 젠타(Senta)[33])에 이르기까지 그러한 역할을 합니다. 작업실(shop)은 사람들의 시선을 끄는, 제가 사진으로 보여준 박물관이 됩니다. 그러한 작업실에는 재료들, 아름다운 목재와 디자인뿐만 아니라, 건축물이 역사적으로 어떻게 발전해왔는지를 대략적으로 보여줄 그림과 사진들이 있을 것입니다.

저는 학교를 단절된 부분들의 합성물이 아니라 하나의 유기적인 전체로 만들면서, 학교가 삶과 어떻게 연결되는지 보여주고자 노력했습니다. 그리고 아동이 친숙하고 아주 평범한 방식으로 획득한 경험들을 어떻게 학교에 가져가서 사용하게 되는지, 그리고 학교에서 배운 것을 어떻게 일상적인 삶으로 가지고 가서 적용하는지를 보여주고자 노력했습니다.

[그러한 학교에서는] 학교 시스템의 부분들 간의 단절만이 아

년에 작곡한 전체 5막의 오페라 속에는 파우스트와 사랑에 빠진 마르게리트가 물레 앞에 앉아 실을 자으면서 노래를 하는 장면이 있다. 또한 괴테의 원작 소설 속에서 마르게리트는 그레첸(Gretchen)이라는 이름으로 등장하는데, 1814년 슈베르트는 '실을 잣는 그레첸'이라는 제목의 가곡을 만들기도 했다. 애인을 잃은 소녀의 마음을 노래한 이 곡은 특히 물레소리를 묘사한 것이 특징이다. 듀이는 문학과 마찬가지로 음악 또한 당시 사회의 산업 상황을 반영한다고 보았다. 위대한 오페라나 가곡 속에 '물레를 잣는 노래'가 포함되어 있다는 사실은 당시 사회가 어떤 모습이었는지 잘 보여준다.

33) [역주] 젠타(Senta)는 바그너(Wagner)의 오페라 『방황하는 네덜란드인』의 여주인공이다. 이 작품은 신의 저주를 받은 네덜란드 선장의 이야기로 유럽의 오랜 전설을 바탕으로 하여 만들었다. 주인공 네덜란드인 선장은 평생 죽지도 못하고 바다를 떠돌아다녀야 하며, 7년마다 한 번씩 육지에 상륙하여 자신을 위해 희생해 줄 수 있는, 진심으로 사랑하는 여인을 만나야 저주가 풀린다. 그리고 그의 저주를 풀어줄 여인이 바로 젠타이다. 이 오페라 속에도 여주인공 젠타를 둘러싸고 유모와 이웃 처녀들이 '빙빙 돌아라 사랑스런 물레야'를 합창하며 물레를 돌리는 장면이 있다. 듀이는 이것 역시 물레를 돌려 옷감을 짜던 당시의 산업적 상황을 반영한 것이라고 본다.

니라 학문들 간의 단절도 사라집니다. 경험은 지리학적 측면, 예술적인 측면, 문학적인 측면, 과학적인 측면, 역사적인 측면을 모두 가지고 있습니다. 모든 학문은 지구와 그 지구에서 살고 있는 하나의 생명(life)으로부터 생겨납니다. 우리는 어떤 것은 수학적이고, 다른 것은 물리적이고, 또 다른 것은 역사적이라는 식으로 층이 나뉘어 있는 지구에서 살고 있는 것이 아닙니다. 우리는 어떤 것이든 간에 다른 부분들과 연관되지 않은 곳에서는 오래 살 수 없으며, 모든 면이 함께 연결되어 있는 세계에 삽니다. 모든 학문은 하나의 거대한 공동 세계(common world)와의 관계로부터 생겨납니다. 아동이 이러한 공동 세계에 대해 다양하면서도 구체적이고 활발하게 관계를 맺으면서 살아갈 때, 학문들은 자연스럽게 통합됩니다. 그렇게 된다면 학문들을 서로 연결하는 것은 더 이상 문제가 안 될 것입니다. 그리고 교사는 역사 수업에 약간의 수학적 연산을 엮어 넣기 위해 온갖 종류의 장치를 동원할 필요가 없을 것입니다. 학교를 삶과 연결하십시오. 그러면 모든 학문은 당연히 서로 관련을 맺게 됩니다.

게다가 삶 전체와 학교 전체가 관계를 맺는다면, 교양, 훈육, 정보, 효용과 같은 학교의 다양한 목표와 이상들(ideals)은 더 이상 그것들 중 하나를 위해 어떤 한 학문을 택해야만 하고, 또 다른 것을 위해서는 다른 학문을 택해야만 하는 별개의 것이 아닙니다. 통합의 목적은 사회적 역량과 사회적 공헌(service)의 측면에서 아동이 성장하도록 하는 것, 그리고 아동이 삶과 더욱 넓고 중요한 결합(union)을 이루도록 하는 것입니다. 그리고 훈육, 교양, 정보를 이러한 성장의 단계로서 이해하는 것입니다.

시카고 대학교와 우리의 실험학교34)의 관계에 관하여 한마디만 더 하고 싶습니다. 문제는 교육을 통합하고 체계화하는 것, 교육 전체를 일상적인 삶과 유기적으로 결합함으로써 교육의 모든 다양한 요소를 함께 묶는 것입니다. 시카고 대학교의 교육학부는 4세 아동과 함께 하는 작업에서부터 대학 졸업생의 작업까지를 모두 포괄하는 통합(unification) 모델을 만들어야 합니다. 이미 우리는 학과장이 계획한 체계적인 작업을 통해 시카고 대학으로부터 많은 도움을 받고 있습니다. 대학원생들은 아이디어와 문제점을 제안하면서 그가 했던 연구와 연구방법들을 가지고 우리에게 옵니다. 도서관과 박물관은 가까이에 있습니다. 우리는 교육적인 모든 것을 서로 연결하기를 원합니다. 즉, 성숙한 청년을 가르치는 것과 어린아이를 교육하는 것을 분리하는 경계를 허물어뜨리고, 하급의 교육과 상급의 교육이 동일해지기를 원합니다. 그러면 상급의 교육과 하급의 교육이라는 구분은 사라지고, 단지 교육만이 존재한다는 것이 증명될 것입니다.

특히 그러한 작업의 교육학적 측면과 관련하여 좀 더 이야기하겠습니다. 저는 우리나라의 교육학 분야에 있어 가장 오래된 대학 교수직이 20년이 되었다고 생각합니다. 그것은 1870년대 후반에 만든 미시간 대학교의 교수직입니다. 그러나 그곳에서는 한두 사람만이 이론과 실천을 연결하기 위해 노력해 왔습니다. 그들

---

34) [역주] 여기에서 듀이는 시카고 대학을 직접적으로 지칭하지 않고 '그 대학(the University)'이라는 표현했으며, 실험학교 역시 '우리의 특정한 학교(our particular school)'라고 표현했다. 그러나 문맥상으로 볼 때 이 둘은 시카고 대학교과 실험학교를 의미하는 것이기에 그와 같이 번역했다.

은 실제적인 작업을 통해 가르치기보다는 대부분 이론과 강의, 책을 참고하여 가르칩니다. [반면] 컬럼비아 대학교에서는 사범대를 통해 대학과 교사양성훈련이 광범위하고 친밀하게 연관되어 있습니다. 컬럼비아 대학교에서 했던 것 중에서 어떤 것은 다른 한두 군데에서 똑같은 방식으로 행해졌습니다.

우리는 컬럼비아 대학교와 초등학교가 훨씬 더 긴밀하게 통합되기를 바랍니다. 가치 있는 교과 내용과 알맞은 방법의 발전에 이바지하는 초등학교가 대학이 가진 모든 자원을 사용할 수 있도록 말입니다. 동시에 그 초등학교는 사범대 학생들이 증명과 시험, 비판을 거쳐 강화된 이론과 아이디어들을 발견하는 실험실, 새로운 진리가 발전해 가는 모습을 발견하는 하나의 실험실이 될 것입니다. 우리는 그 초등학교가 컬럼비아 대학교와 관계 속에서 통일된 교육의 살아 있는 모델이 되기를 바랍니다.

교육적 이해관심과 학교의 관계에 대해 한마디 더 하겠습니다. 저는 언젠가 우리 학교에서 사용되고 있는 특정한 방법을 적용하는 것과 관련하여 어떤 교사가 다음과 같은 근거에서 이의를 제기했다는 말을 들었습니다. "당신은 그것이 실험적인 학교라는 것을 알고 있습니다. 그곳에서는 교사들이 우리와 똑같은 조건에서 일하지 않습니다." [그러나] 현재 우리가 실험을 수행하는 목적은 다른 사람들이 실험을 필요로 하지 않도록, 적어도 결정적이고 실제적인 실험이 많이 필요하지 않도록 하기 위해서입니다.

어떤 실험이 기대하는 결과를 확보하려면 특히 유리한 조건들이 필요합니다. 그러한 실험은 자유롭게 사용할 수 있는, 필요한 자원을 모두 가지고 있어야 하며, 방해받지 않고 작업을 할 수 있어야 합니다. 실험실은 오늘날 모든 커다란 기업체의 배후에 존재하며, 공장과 철도, 증기선 시스템의 배후에도 있습니다. 그러나 실험실은 기업체가 아닙니다. 실험실은 경제적인 삶(business life)을 보장하는 것을 목적으로 하지 않으며, 상업적인 일을 목적으로 하지도 않습니다.

새로운 진리나 새로운 방법을 산출해 내고 시험하는 것과, 그러한 진리나 방법을 광범위하게 적용하고 많은 사람이 이용할 수 있도록 상업적인 것으로 만드는 것은 분명 다릅니다. 그러나 가장 먼저인 것은 그러한 진리를 발견하고, 모든 필요한 시설을 사용할 수 있게 되는 것입니다. 왜냐하면 장기적으로 볼 때 이것이 세상에서 가장 실제적인 것이기 때문입니다. 우리는 다른 학교들이 우리가 하는 것을 똑같이 모방하기를 기대하지 않습니다. 지금 실행하고 있는 모델은 복사되어야 할 것이 아니라, [우리가 추구하는] 원칙이 실현 가능하다는 것과, 그것을 가능하게 하는 방법을 입증하는 것입니다.

핵심 논의로 돌아가서 우리는 여기에서 학교 시스템의 통일성과 관련된 문제, 즉 학교 시스템의 조직 그 자체의 문제를 해결하기를 원합니다. 그리고 교육을 삶과 아주 긴밀하게 연결함으로써 모든 교육에 있어서 그런 조직화(organization)가 가능하며, 또한 필요하다는 것을 입증하기를 원합니다.

제3장 아동과 교육과정[1]

1902년이 되자, 실험학교와 시카고 대학교 집행부의 관계는 점점 나빠져서 실험학교의 존속이 불확실해졌다. 그러나 실험학교에서 발전된 생각들이 미국과 다른 나라의 교육에 미친 영향에 대해서는 의심의 여지가 없었다. 듀이에게 있어 실험학교는 완전한 교육 개혁으로 나아가는 길을 가르쳐주는 하나의 실험일 뿐이었다. 그의 소논문 「아동과 교육과정(The Child and the Curriculum)」은 실험학교의 철학과 실천 속에서 핵심적이었던, 아동의 현재 경험에 대한 강조를 더 깊이 설명해 주었다. 그러나 이 글의 어디에도 '옛날의' 교과 중심 교육과정에 대한 듀이의 반대 — 또는 '새로운' 아동 중심 접근의 극단에 대한 듀이의 반대 — 가 명확하게 서술되어 있지 않다. 이 글은 시카고 대학교에 있는 동안 쓴 것인데, 교육에 대한 듀이의 마지막 저작 중의 하나로 가장 널리 재발행되고 번역된 것이다.

---

1) [원주] Chicago : The University of Chicago Press, 1902, copyright 1902 by the University of Chicago.

이론상의 깊은 차이들은 결코 쓸데없거나 만들어낸(invented) 것이 아니다. 그것들은 진정한 문제―요소들이 갈등하고 있다는 바로 그 이유 때문에 진정한 의미에서 문제가 된다―속의 갈등하는 요소들로부터 생겨난다. 모든 중요한 문제는 서로 갈등하는 조건을 포함한다. 그리고 기존에 가지고 있던 정해진 의미를 벗어나 다른 관점에서 그 상황을 보는 새로운 관점 속에서만 해결책이 나온다. 그러나 이러한 재구성(reconstruction)은 사고(thought)에 있어 진통을 겪는다는 것을 의미한다. 왜냐하면 이미 형성된 생각들을 던져버리고 이미 배운 사실들로부터 벗어나서 생각하는 것보다, 다른 사람들의 공격에 맞서 기존의 생각을 뒷받침해 줄 것을 찾으며 이전에 했던 주장을 고수하는 것이 더 쉽기 때문이다.

이렇게 해서 의견의 분파(sects)가 나타난다. 각각의 분파들은 마음에 드는 일군의 조건들을 선택한다. 그리고 그 조건들을 조정(adjustment)이 필요한, 어떤 문제 속의 한 요인으로 다루지 않고 완전하고 독립적인 진리(truth)로 만든다.

교육의 과정에서 근본적인 요인들은 미성숙하고 발달되지 않은 아동들이다. 그리고 특정한 사회적 목적과 의미, 가치는 성인의 성숙한 경험 속에서 구현된다. 교육의 과정은 이러한 힘들(forces) 간의 적절한 상호작용이다. 교육의 과정을 각각의 힘들이 다른 힘들과의 관계 속에서 완벽하고 자유롭게 상호작용할 수 있도록 촉진하는 것이라고 보는 것이 교육 이론의 본질(essence)이다.

그러나 여기에는 사고(thought)의 노력이 뒤따른다. 상황을 분리된 상태로 이해하는 것, 다른 것을 놓친 채 어떤 것을 주장하는 것, 자기 의견에 반대하는 사람을 만드는 것은, 각자 자신이 처해 있는 현실을 발견하는 것보다 훨씬 쉬운 일이다. 아동의 본성 속에 있는 것 또는 성인의 발달된 의식(consciousness) 속에 있는 것을 포착하여 그것을 전체 문제에 대한 해결책이라고 주장하는 것은 쉬운 일이다. 이런 일이 일어날 때, 정말로 진지하게 받아들여야 할 실제적인 문제―상호작용의 문제―는 비현실적인 문제, 따라서 해결할 수 없는 이론적인 문제로 전환된다. 그리고 우리는 교육적인 것을 연속되는 하나의 전체라고 보지 않고 갈등하는 관계들로 보며, 아동 대 교육과정, 개별적인 본성 대 사회의 교양이라는 식의 주장을 한다. 아래에 나타나는 모든 교육학적 입장들의 분열은 바로 이러한 대립 속에 존재한다.

아동은 사적인(personal) 접촉으로 이루어진 다소 협소한 세계에 살고 있다. 만약 아동이 자신의 행복(well-being)이나 가족, 친구들의 행복을 가까이서 분명하게 접하지 않는다면, 아이는 외부의 사물들(things)을 경험할 수가 없다. 아동의 세계는 사실과 법칙의 영역이라기보다는 사적인 이해관심을 가진 사람들로 이루어진 세계이다. 아동의 세계에서는 외부의 사실에 부합한다는 의미에서의 진리가 아니라, 애정과 공감(sympathy)이 핵심이 된다. 이에 반해, 학교에서 이루어지는 학습과정은 시간 측면에서 먼 과거까지 물리적으로 무한히 늘어나며 공간 측면에서는 바깥으로 무한히 확대된다. 그렇게 해서 아동은 1제곱마일도 안 되는 자신의 친숙한 물리적 환경으로부터 넓은 세계, 심지어 태양계의 경계까지 벗어난다. 그리고 모든 사람의 역사를 담은 긴 시간들이 아동이 가지고 있는 단기간의 사적인 기억과 전통을 덮어버린다.

다시 한번 말하지만, 아동의 삶은 완전히 통합되어 있고 총체적인 것이다. 아동은 빠르고 쉽게 한 주제에서 다른 주제로, 한 지점에서 다른 지점으로 나아가면서도 이행(transition)이나 중단을 의식하지 않는다. 아동에게는 의식적인 단절이 없으며, 의식적인 구별도 거의 없다. 아동의 정신(mind)을 차지하는 것들은 아동의 삶에 수반되는 사적인 이해관심과 사회적인 이해관심이 통일됨으로써 결합된다. 아동의 정신 속에서 가장 중요한 것은 그게 무엇이든 간에 당분간은 아동에게 전 우주가 된다. 그 우주는 유동적이고 변하기 쉽다. 그리고 그 우주의 내용물은 놀라운 속도로 사라지고 다시 형성된다. 그러나 어쨌든 그것은 그 아이 자신의(own) 세계이며, 그 자신의 삶에서 통일성과 완전성을 가진다. [그러나] 아이가 학교에 가면, 다양한 학문이 아이의 세계를 분리하고 세세하게 나눈다. 예를 들면 지리학은 하나의 특정한 관점으로부터 일군의 사실들을 뽑아내고 분석하고, 수학은 다른 부분을, 문법은 또 다른 분과를 뽑아내고 분석하는 등 이런 식의 구분이 무한히 존재한다.

　다시 한번 말하지만, 학교에서는 이러한 각각의 교과들을 분류한다. 그리고 사실들(facts)은 원래 그것들이 있던 자리인 경험으로부터 억지로 분리되어 몇몇 일반적인 법칙에 따라 재조정된다. 아동의 경험에 있어 분류(classification)는 중요한 문제가 아니다. 그리고 분류된 것을 배우는 개인에게는 외부의 사물들이 와 닿지 않는다. [반면] 애정이라는 아주 중요한 끈, 활동을 연결하는 끈은 아동의 다양한 사적인 경험들을 결합시킨다.

　[아이들과 달리] 어른의 정신은 논리적으로 질서정연한 사실에 매우 익숙하다. 그래서 직접적인 경험에서 얻은 사실들이 '학

문'이나 학습의 분과로 나타나려면 얼마나 많은 분리와 재공식화를 거쳐야 하는지 인식하지 못할 뿐 아니라 깨달을 수도 없다. 지적 능력이 뛰어난 사람을 위해서라면 원칙이 구별되고 규정되어야 한다. 그리고 사실들은 그 자체로 존재하는 것이 아니라, 이러한 원칙들과 관련하여 해석되어야 한다. 즉, 사실들은 완전히 추상적이고 상상 속에서나 가능한 새로운 것을 중심으로 다시 모여야 하는 것이다. 이 모든 것은 특별한 지적 이해관심의 발달을 의미하고, 그것은 한 사람의 고유한 경험 속에서 사실들이 차지하는 위치와 의미에 관계없이 사실들을 공정하고 객관적으로 보는 능력을 의미한다. 그리고 사실들을 분석하고 종합하는 역량을 의미하는데, 이는 아주 성숙한 지적 습관과 과학적 탐구를 함에 있어 확실한 기술 및 기구를 사용할 수 있는 능력을 말한다. 따라서 분류된 학문들은 한마디로 아동의 경험이 낳은 산물이 아니라, 그 시대의 학문의 산물이다.

아동과 교육 과정 사이에 존재하는 이러한 거리와 차이는 끝없이 커질 수도 있다. 그러나 지금도 다음과 같은 충분히 근본적인 차이가 있다. 첫째, 사적이지 않지만(impersonal) 무한히 확장된 시간과 공간의 세계, 그리고 그에 반대되는 것으로 협소하지만 사적인 아동의 세계가 있다. 둘째, 아동의 삶이라는 하나의 통일체로서 온전한 정신과 그에 반대되는 것으로서 특수화되고 분리된 교육과정이 있다. 셋째, 논리적인 분류와 조정을 위한 추상적인 원칙과 그에 상반되는 것으로서 아동의 삶이 가진 실제적이고 정서적인 유대가 있다.

이러한 갈등의 요소들로부터 서로 다른 교육적 분파들이 생겨난다. 어떤 학교는 아동의 고유한 경험과 대비되는 것으로서 교육과정에 제시된 교과 내용의 중요성에만 관심을 갖는다. 그것은 마치 다음과 같이 말하는 것 같다. 삶은 사소하고 협소하며, 다듬어지지 않은 것이 아닌가? 그에 비해 학문은 완전하고 복잡한 의미를 가진 거대하고 넓은 우주를 드러낸다. 아동의 삶은 이기적이고 자기중심적이며 충동적인 것이 아닌가? 그에 비해 학문에서는 진리, 법, 질서라는 객관적인 우주를 발견할 수 있다. 아동의 경험은 변덕스러운 순간과 상황에 좌우되는 혼란스럽고, 공허하고, 불확실한 것이 아닌가? 그에 비해 학문은 영원하고 일반적인 진리에 기초하여 조정된 세계, 모든 것이 측정되고 규정된 세계를 소개해 준다.

따라서 아동의 개별적인 독특성, 변덕, 경험들을 무시하고 최소화하라는 것이 교훈이 된다. 즉, 아동 개인의 독특성과 변덕, 경험은 우리가 관심을 두지 말아야 할 것, 숨기거나 제거해야 할 것들이 된다. 그리고 교육자로서 우리가 해야 할 일은 바로 이런 피상적이고 우연적인 일을 안정적이고 질서정연한 실재(realities)로 대체하는 것이다. 안정적이고 질서정연한 실재들은 학문과 수업 속에서 발견된다.

[이 분파는 다음과 같이 말한다] 각각의 주제는 학문으로, 각각의 학문은 수업으로, 각각의 수업은 구체적인 사실과 공식으로 세분하라. 그러고 난 뒤 아동이 이렇게 분리된 각각의 부분을 단계적으로 숙달하도록 하자. 그렇게 하면 아이들은 전체적인 토대를 모두 익히게 될 것이다. 그 길은 전체적으로 볼 때는 아주 길어 보이지만, 쉽게 여행할 수 있는 특정 단계들의 연속으로 간주된

다. 따라서 교과 내용의 논리적 분할과 논리적 일관성에 중점을 둔다. 그리고 가르침(instruction)에서 중요한 문제는 논리적인 내용을 담고 있고 논리적인 계열성(sequence)이 있는 교재를 구하는 것, 그리고 교실 수업에서 이런 내용을 명확하고 단계적으로 제시하는 것이 된다. 즉, 교과 내용이 교육의 목적을 제시하고, 교육방법을 결정한다. 아동은 성숙해져야 할 미성숙한 존재이며, 더 깊어져야 할 얕은 존재일 뿐이다. 그리고 아동의 경험은 더욱 확장되어야 할 협소한 것일 뿐이며, 받아들이고 수용하는 것이 아동의 몫이다. 아동은 시키는 대로 잘 따르고 고분고분할 때 역할을 완수할 수 있다.

그러나 다른 분파는 그렇게 이야기하지 않는다. [여기에서는] 아동이 출발점이자 중심이며, 최종 목적이라고 말한다. 아동의 발달과 성장이 이상(ideal)이며, 그것만이 유일한 기준이 된다. 아동의 성장은 그 어떤 학문보다 중요하며, 학문은 성장을 도와줄 때 의미를 갖는 도구들이다. 그리고 개인성(personality)과 품성은 교과 내용 이상의 의미를 갖는다. 또한 지식이나 정보가 아니라 자아실현이 목적이 된다. 많은 지식을 가지고 있지만 자신만의 고유한 자아를 잃어버리는 것은 종교에서뿐 아니라 교육에서도 끔찍한 일이기 때문이다. 게다가 교과 내용은 결코 외부에서 아동에게 주어질 수 없다. 학습은 능동적인 것이기 때문이다. 학습은 내부로부터 시작되는 유기적인 흡수를 포함하여 정신의 바깥(외부)에 도달하는 것을 의미한다. 말 그대로, 우리는 우리가 아동과 함께한다는 것과, 우리가 아동으로부터 출발한다는 것을 받아들여야 한다. 학습의 질과 양 모두를 결정하는 것은 교과 내용이 아니라 아동이다.

그리고 유일하게 의미 있는 방법은 정신(mind)이 쭉 뻗어나가서 동화될 때와 같은 방법이다. 교과 내용은 영혼의 양식이자 영양분이 될 수 있는 재료일 뿐 스스로 소화할 수 없으며, 저절로 뼈와 근육, 피가 될 수 없다. 학교에서 생기가 없고, 기계적이며, 형식적인 모든 것의 근원은 바로 아동의 삶과 경험이 교육과정에 종속되어 있다는 것에서 찾을 수 있다. '학문'이 진저리나는 것이 되고 수업이 하기 싫은데 해야만 하는 과제가 된 것은 바로 이 때문이다.

아동과 교육과정의 간에 이러한 근본적인 대립이 생기는 것은 두 가지 교설(doctrine) 때문이다. 교육과정의 중요성을 과장하는 사람들은 '훈육'을 구호로 내세운다. [반면] '아동'을 자신들의 기치로 표방하는 사람들은 '이해관심'을 구호로 내세운다. 전자의 관점은 논리적이고 후자의 관점은 심리학적이다. 전자는 교사에게 적절한 훈련과 학식(scholarship)이 필요하다고 강조한다. 후자는 교사가 아동에 대해 공감하고 아동의 자연스러운 본능에 대한 지식을 갖추어야 한다고 강조한다. '지도와 통제'는 전자의 학교가 내세우는 선전문구이며, '자유와 창의'는 후자의 학교가 내세우는 것이다. 이쪽에서는 규칙(law)을 주장하고, 저쪽에서는 자발성을 선언한다. 전자에게는 옛것, 그 시대의 고통과 노고 속에서 획득된 것을 보존하는 것이 소중하다. 반면 후자는 새로운 것, 변화, 진보를 사랑한다. 전자는 활기 없고, 타성적이며, 판에 박혔다는 비난을 받는다. 후자는 혼란스럽고 무정부주의적이라고 비난받는다. 한쪽에서 신성한 의무를 경시한다고 비난하면, 반대

쪽에서는 억압적인 독재를 통해 개별성(individuality)을 억압할 뿐이라고 반격을 가한다.

그런 대립은 좀처럼 논리적인 결론에 도달하지 못했고, 일반적인 상식(common-sense)을 가진 사람들은 이런 극단적인 대립에 놀란다. 보통의 상식을 가진 사람들이 일관성 없이 그들을 절충하며 어쩔 줄 몰라 왔다갔다 흔들리는 동안 그러한 대립은 이론가들의 몫으로 남겨진다. 이론과 실제적인 상식을 더욱 밀접하게 연결할 필요가 있다는 점에서 우리의 원래 논제로 돌아갈 것을 제안한다. 우리의 논제는, 교육의 과정은 정확히 상호작용과 조정의 과정이기 때문에, 우리는 교육의 과정 속에서 필연적으로 서로 관련되는 조건들을 가진다는 것이다.

그렇다면 무엇이 문제인가? 제거해야 할 것은 바로 아동의 경험과 교육과정을 구성하는 다양한 형태의 교과 내용 간에 어떤 간극이 있다는 편견이다. 아동 측면에서 보면, 정식화된 학문에 포함된 것과 같은 종류의 사실과 진리가 아동의 경험 자체에 이미 존재하는지를 어떻게 알 수 있는가의 문제이다. 그리고 더욱 중요한 것은, 교과 내용을 개발하고 조직하는 데 작동했던 태도, 동기, 이해관심이 그러한 경험 자체에 포함되어 있다는 것을 어떻게 알 수 있는가의 문제이다. 학문의 측면에서 보자면, 그것은 학문을 아동의 삶 속에서 작동하는 힘의 산물로 이해하는 문제가 된다. 그리고 아동의 현재 경험과 더욱 풍부하게 완성된 학문들 사이를 매개하는 단계들을 발견하는 문제이다.

교과 내용을 아동의 경험 바깥에서 이미 고정된 것이라고 생각하지 말라. 또한 아동의 경험을 굳어지고 단단히 고정된 것으로 생각하지 말고, 유동적이며 발달 초기상태에 있는, 중요한 것으로 보아라. 그러면 우리는 아동과 교육과정이 하나의 과정을 규정하는 두 개의 경계(limit)일 뿐이라는 것을 깨닫게 된다. 아동의 현재 관점과, 학문의 사실 및 진리는 마치 일직선을 이어주는 두 개의 점처럼 가르침(instruction)을 규정한다. 그것은 아동의 현재 경험으로부터 우리가 학문이라고 부르는, 조직화된 진리를 향해 나아가는 경험의 지속적인 재구성이다.

겉으로 볼 때 수학, 지리학, 언어학, 식물학 등의 다양한 학문은 그 자체로 경험 — 인류가 쌓은 경험들 — 이다. 그러한 학문들은 세대 간에 대대로 계속되는 인류의 노력, 고군분투, 성공의 누적된 산물을 나타낸다. 학문은 이러한 분리된 경험의 조각들을 단순히 축적해 놓거나 잡다하게 모아놓는 방식으로 제시하지 않는다. 학문은 조직화되고 체계화된 방식, 즉 반성적으로 정식화된 방식으로 산물을 제시한다.

그러므로 아동이 현재 경험을 통해 얻게 되는 사실 및 진리와 교과 내용 속에 포함된 사실과 진리는 동일한 실재에 대한 시작과 끝의 관계이다. 따라서 그 둘의 관계를 대립으로 보는 것은 똑같은 삶에서 유아기와 성인기를 대립시키는 것이다. 그것은 동일한 과정에서 현재 움직이고 있는 경향과 최종적인 결과를 대립하는 것으로 설정하는 것이다. 그리고 아동의 본성과 운명이 서로 싸우는 것이라고 여기는 것과 같다.

만약 그러한 경우라면, 아동과 교육과정 간의 관계에 대한 문제는 다음과 같은 것이 된다. 교육적으로 말해서, 시작단계에서 끝(end)을 알 수 있다는 것은 어떤 유용성이 있는가? 나중의 단계를 예측할 수 있다는 것은 성장의 초기 단계를 다루는 데 어떤 도움을 주는가? 우리가 동의했던 것처럼, 학문은 아동의 직접적이고 가공되지 않은 경험 속에 내재된 발달의 가능성을 나타낸다. 그러나 어쨌든 그러한 학문들은 현재적이고 직접적인 삶의 부분들이 아니다. 그렇다면, 학문은 왜 중요한가? 또는 얼마나 중요한가?

그런 질문을 하는 것 자체가 그 답을 제시해 준다. 결과를 안다는 것은 현재의 경험이 어떤 방향에서 움직이고 있는지를 아는 것이다. 현재의 경험이 정상적이고 온전하게 움직이고 있다면 말이다. 너무 멀리 있어서 우리에게 의미가 없던 먼 지점이, 우리가 현재 움직이고 있는 방향이라고 정하는 순간 매우 중요한 것이 된다. 이런 식으로 이해할 때, 우리가 성취해야 할 것은 멀리 있는 결과가 아니라, 현재를 어떻게 처리할지 안내해 주는 방법(guiding method)이다. 즉, 성인의 경험이 직접 그 자체를 보여주기 때문에 성인이 가지고 있는 체계화되고 분명한 경험은 아동의 삶을 해석하고, 안내하거나 지도(direction)하는 데 있어서 가치가 있다.

해석(interpretation)과 안내(guidance)라는 두 가지 생각에 대해 잠시 살펴보자. 아동의 현재 경험은 결코 스스로에 대해 설명하지 못한다. 그것은 최종적인 것이 아니라 과도기적인 것이다. 아동의 현재 경험은 그 자체로 완전한 것이 아니라, 특정한 성장 경향을 나타내는 하나의 신호나 지표일 뿐이다. 우리가 지금 여기에서 아동이 나타내는 것에만 관심을 가진다면, 우리는 뭔가 혼동하고 있으며, 오해하고 있는 것이다. 그러면 아동의 현재 경험이 가진 의미를 이해할 수 없다.

도덕적인 면에서나 지적인 면에서 아동을 극단적으로 평가절하하는 것과, 아동에 대해 감상적으로 이상화(idealization)하는 것은 공통적인 오류에 뿌리를 두고 있다. 그러한 태도는 모두 성장이나 움직임의 단계를 단절되고 고정된 것으로 받아들이기 때문에 생겨난다. 아동을 평가절하하는 사람들은 감정과 행위 속에 들어 있는 가능성을 보지 못한다. 그들은 감정과 행위를 미덥지 못하고 불쾌한 것이라 여긴다. 반면 아동을 이상화하는 사람들은 가장 즐겁고 아름다운 표현마저도 신호에 불과하다는 것과 그것들을 성취(achievement)로 다루는 순간 망가지고 부패하기 시작한다는 것을 알지 못한다.

우리는 현재 아동에게서 나타나고 사라지는 요소들, 강점과 약점을 나타내는 것들을 더욱 커다란 성장과정에 비추어 이해하고 살펴보아야 한다. 우리는 오직 이런 방식으로만 성장의 과정을 구별할 수 있다. 만약 우리가 아동의 현재 성향, 목적, 경험을 성장과정 속에서 그것들이 차지하고 있는 위치와 분리하고 발달하는 경험 속에서 그것들이 수행해야 하는 역할과 분리한다면, 그런 성향, 목적, 경험은 모두 똑같은 수준에 있는 것이 된다. 즉, 모두 똑같이 좋고 똑같이 나쁜 것이 된다.

그러나 삶의 움직임 속에서 서로 다른 각각의 요소는 각기 다른 의미를 가진다. 아동의 행위(deed) 중 어떤 것은 쇠퇴하는 경향을 나타내는 징후로, 이미 제 역할을 다 했고, 더 이상 중요한 용도로 사용할 수 없게 된 것들이다. 그렇게 이미 약해지고 있는 지나간 특성(quality)에 적극적인 관심을 갖는 것은 [높은 단계로 나아가지 못하고] 더 낮은 단계에서 발달을 저지한다. 그리고 조직적으로 성장의 초보적인 단계를 지속시킨다. 또 다른 활동은 최고조에 다다른 힘과 이해관심을 나타내는 신호이다. 그러한 활동에는 쇠는 뜨거울 때 두드려야 한다는 격언이 적용되며, 아마 지금이 아니면 안 되는 일일 것이다. 그것들을 선별하여 활용하고 강조한다면, 아동의 전 생애에서 좋은 전환점이 될 수도 있다. 소홀히 해서 지나가버린 기회는 결코 다시 불러올 수 없다는 것을 잊지 말자. 그 밖의 다른 행위와 감정들은 앞으로 나타날 것들을 제시해 준다. 그것들은 아주 먼 미래에서 꾸준하게 깜빡이는 빛의 여명(dawning)을 나타낸다. 이와 관련해서는, 분명한 방향을 가진 미래를 기다리면서 행위와 감정에 공정하고 충분한 기회를 주는 것 외에 현재 우리가 할 수 있는 것은 거의 없다.

전체적으로 볼 때, 아동의 미성숙함과 성인의 성숙함을 비교하고 아동의 미성숙함을 가능한 한 빨리, 많이 벗어나야 할 것으로 간주하는 것은 '옛 교육'의 약점이다. 마찬가지로, 아동이 현재 가지고 있는 힘과 이해관심 그 자체가 최종적으로 유의미한 것이라고 간주하는 것은 '새로운 교육'이 가지고 있는 위험이다. 사실, 아동의 학습과 성취는 유동적이고 움직이는 것이며, 매일, 매시간 변화한다.

만약 아동 중심의 학습(child-study)이, 특정 연령의 아동이 함양해야 할 목적과 이해관심이라는 긍정적인 장치들을 현재 상태에서 이미 가지고 있다는 인상을 준다면 이는 해로울 것이다. 실제로 이해관심은 가능한 경험에 대한 태도일 뿐 성취가 아니다. 이해관심의 가치는 그 이해관심이 나타내는 업적에 있는 것이 아니라 그것들이 제공하는 지렛대 같은 힘에 있다. 어떤 방식으로든 특정한 연령에서 나타나는 현상을 자기 설명적(self-explanatory)이거나 자기 충족적인(self-contained) 것으로 받아들이면 필연적으로 방종과 아이를 망치는 결과를 낳는다. 아동의 힘이든 성인의 힘이든, 모든 힘은 현재 주어진 수준을 그대로 받아들이면 제멋대로가 된다. 그러한 힘은 더 높은 단계를 향해 나아갈 때 진정한 의미를 가진다. 이것이 바로 내가 말하려는 것이다.

현재 상태에서 아동의 이해관심을 유도하는 것은 자극(excitation)을 의미한다. 이는 분명한 성취로 나아가도록 지도하지 않은 채 지속적으로 자극하는 것처럼, 힘을 가지고 장난하는 것과 같다. 모든 실제적인 목적에 있어서 목적지에 도달하지 않는 활동을 계속하는 것은, 더 완벽한 사고(thought)나 의지(will)가 전제하고 있는 이해관심에 따라 창의성을 지속적으로 억압하는 것만큼이나 나쁜 것이다. 이는 아동이 영원히 맛만 보고 결코 먹을 수 없는 것과 같다. 감정적인 면에서 아동의 미각을 즐겁게 하지만, 음식물이 소화되어 활동하는 힘으로 전환됨으로써 오는 유기적인 만족은 결코 얻을 수 없기 때문이다.

그런 관점에 반해 과학과 역사, 예술의 교과 내용은 우리가 아동의 실제(real) 모습을 볼 수 있도록 도와준다. 우리가 아동의 성향이나 수행을 과일의 발아하는 씨앗이나 벌어지는 봉오리로 받아들이지 않는다면, 우리는 아동의 성향이나 수행의 의미를 알지 못한다. 눈에 보이는 자연의 세계는 아동의 본능이 어떤 의미를 갖는지에 대해 답을 해주기에는 너무 작다. [반면] 물리학이라는 완전한(entire) 학문은 아동의 주의를 끌었던 몇몇 우연적인 변화를 설명함에 있어서, 아동의 단순한 요구와 무엇이 관련되어 있는지를 적절하게 해석해 준다. 그리고 라파엘(Rafael)이나 코로(Corot)[2]의 예술작품은 아동이 그림을 그리고 색을 칠할 때 그 아이의 마음을 뒤흔드는 충동에 가치를 부여할 수 있도록 해준다.

해석(interpretation)에 교과 내용을 이용하는 것은 이 정도로 해두자. 지도(direction)나 안내(guidance)에 교과 내용을 더 깊이 사용하는 것은 동일한 생각을 확장한 것일 뿐이다. 사실을 해석한다는 것은 아주 중요한 움직임 속에서 그 사실을 이해하는 것, 성장과의 관계 속에서 그 사실을 이해하는 것이다. 그러나 사실을 정상적인 성장의 한 부분으로 보는 것은 사실을 안내하기 위한 토대를 확보하는 것이다. 안내하는 것은 외부적으로 강요하는 것이 아니다. *가장 적절하게 안내하는 것은 삶의 과정을 자유롭게 만드는 것이다.*

성숙한 경험과 거리가 멀다는 이유로, 아동의 순진한 변덕과 수행에 대한 감상적인 이상화(idealization)라는 이유로 아동의 현재 경험을 경시하면서 이야기되어온 것들이 말투만 약간 바뀐 채 반복될 수도 있다. 외부에서 아동을 강제하는 것이나 아동을 혼자 내버려두는 것 사이에 다른 대안이 없다고 여기는 사람들이 존재하기 때문이다. 아무런 대안도 알지 못하면서 어떤 사람들은 한 방식을, 다른 사람들은 또 다른 방식을 택한다. 그들은 모두 동일한 근본적인 오류에 빠진다. 양쪽 모두 발달이 적절하고 정상적인 조건들이 주어질 때만 실현될 수 있는, 자신만의 고유한 법

---

2) [역주] Jean-Baptiste-Camille Corot(1796.7.16~1875.2.22) 프랑스의 화가로 뛰어난 풍경화를 많이 남겼다. 특히 착실한 관찰자로서 자연을 감싸주는 대기와 광선의 효과에 민감하여 인상파 화가의 선구자 역할을 했다. 주요 작품으로 『샤르트르 대성당』, 『회상』 등이 있다.

칙을 가진 과정이라는 것을 이해하지 못하기 때문이다. 셈하기, 측정하기, 사물 배치하기에 있어서 현재 아동의 다듬어지지 않은 (crude) 충동을 해석하는 것은 수학적인 학문—인류의 역사 속에서, 불완전하게 시작하여 발전해 온 수학 공식과 수학적인 관계에 대한 지식—과 관련이 있다. 아동의 다듬어지지 않은 충동이 정식화된 학문으로 발전해 온 전체 역사를 이해하는 것은 아동이 지금 여기에서 해야 할 것이 무엇인지 이해하는 것이다. 그리고 아동의 맹목적인 충동이 힘과 명확성을 가지려면 그러한 맹목적인 충동에 무엇을 더해 주어야 할지를 이해해야 한다.

'전통적인 교육'은 아동의 현재 경험 속에 내재된 역동적인 성질과 발달하는 힘을 무시하는 경향이 있고, 아동을 지도하고 통제하는 것이 아동을 특정한 길로 밀어 넣고 그 길을 가도록 강요하는 것이라고 생각하는 경향이 있다. '새로운 교육'은 발달을 지나치게 형식적이고 공허한 방식으로 생각하는 위험에 빠져 있다. 새로운 교육은 아동에게 스스로 이런저런 사실이나 진리를 '발전시킬 것을' 기대한다. 사고(thought)를 시작하고 안내하는 데 필요한 모든 조건이 주어지지 않은 상태에서, 아동은 스스로 어떤 것(things)을 생각해 내거나 알아낼 것을 요구받는 것이다. 그러나 무(無)에서 발전할 수 있는 것은 아무것도 없다. 미숙한 것(the crude)으로부터는 미숙한 것을 제외한 어떤 것도 발전할 수 없다. 그리고 우리가 아이에게 자아(self)를 최종 목적으로 여기도록 할 때, 그리고 그러한 자아로부터 자연이나 행위(conduct)의 새로운 진리를 제시하도록 요청할 때 이런 일이 분명히 발생한다.

아이에게 그 자신의 단순한(mere) 정신으로부터 우주를 발전시킬 것을 기대하는 것은, 철학자들이 그러한 일을 시도하는 것만큼이나 헛된 것이다. 발달은 정신으로부터 무언가를 얻는 것만을 의미하지 않는다. 그것은 경험의 발달이며 진정으로 원했던 경험 속으로 들어가는 것이다. 그리고 힘과 이해관심을 엄선하고 그것들이 가치 있는 기능을 할 수 있도록 만들어주는 교육적 매개체를 제공하지 않는다면 경험 속으로 들어가는 것은 불가능하다. 또한 그러한 힘과 이해관심들은 실제로 작동되어야 한다. 그것들이 어떻게 작동될지는 전적으로 힘과 이해관심을 둘러싸고 있는 자극과 스스로 작동하도록 만드는 재료에 달려 있다. 그러므로 어떻게 지도할 것인가라는 문제는 새로운 경험을 얻는 데 사용되어야 할 본능과 충동을 위해 적절한 자극을 선별하는 문제이다. 목적으로 하는 발달이 무엇인지 알지 못하면, 어떤 새로운 경험이 바람직하고 어떤 자극이 필요한지 이야기할 수 없다. 즉, 성인이 가지고 있는 지식을 아동에게 펼쳐져 있는, 앞으로 있을 수 있는 생애(career)를 보여주는 것이라고 여기지 않고서는 불가능하다.

경험의 논리적 측면과 심리학적 측면을 서로 구별하고, 관련짓는 것은 유용할 수도 있다. 전자는 교과 내용 그 자체를 나타내고, 후자는 아동과 관련하여 교과 내용을 나타낸다. 경험에 대한 심리학적 서술은 경험의 실제적 성장을 따른다는 점에서 역사적이다. 왜냐하면 효율적이고 성공적인 것뿐만 아니라 불확실하고 올바르지 못한(tortuous) 것까지, 실제로 밟은 단계들에 주목하기 때문이다. 반면 논리적 관점은 발달이 성취(fulfillment)의 어떤 명확한 단계에 도달하는 것이라고 상정한다. 논리적 관점은 과정을 경시하고 결과를 중시한다. 그리고 요약하고 정리하며, 성취한 결과들을 맨 먼저 나타났던 실제적인 단계와 분리시킨다.

우리는 논리적인 것과 심리학적인 것 간의 차이를, 탐험가가 산길을 개척하고 자신만의 길을 찾아가면서 새로운 땅에서 만드는 기록들과, 완성된 지도 간의 차이로 비교할 수 있다. 완성된 지도는 그 땅을 철저하게 탐험한 후에 만들어진 것이다. 그 둘은 상호 의존적이다. 탐험가가 뜻하지 않게, 또는 실수로 멀리 돌아서 가는 길을 밟지 않는다면 그 땅에 관련된 완전한 도표를 만드는 데 활용할 수 있는 사실들을 얻을 수 없을 것이다. 그러나 만약 그러한 도표를 다른 사람이 했던 방랑과 비교하지 않고 확인하지 않는다면, 즉 새로운 지리학적 사실을 학습하지 않고 건넜던 시내와 올랐던 산 등을 특정한 여행자의 여행에서 일어난 단순한 사건으로서만이 아니라, (개별 탐험가의 삶과는 아주 먼)이미 알려진 다른 유사한 사실과의 관계 속에서 볼 수 없다면, 누구도 그 탐험가의 여행이 주는 혜택을 얻을 수 없을 것이다. 지도(map)는 탐험가들이 원래 발견한 지역적이고 일시적인 환경 및 사건과 관계없이 개별적인 경험을 서로 연결하면서 질서 있게 정리한다.

이렇게 경험을 정식화하여 서술하는 것은 어떤 쓸모가 있는가? 그러한 지도(map)는 어떤 쓸모가 있는가?

우리는 지도가 무엇이 아닌지에 대해 먼저 이야기할 것이다. 지도는 사적인 경험을 대체하는 물건이 아니고, 실제적인 여행을 대신하지도 않는다. 논리적으로 정식화된 과학의 재료나 학습, 학문의 분과는 개인적인 경험을 대체하지 않는다. 예를 들면 낙하하는 물체에 대한 수학 공식은 떨어지는 사물을 접하는 직접적이고 개인적인 경험을 대신해 주지 않는다. 그러나 지도, 즉 이전에 했던 경험에 대한 하나의 요약물이자 정돈되고 질서 있는 그림은 미래의 경험을 안내해 주는 역할을 한다. 방향을 제시해 주고, 통제를 용이하게 해주며, 노력을 아끼게 해주고, 쓸데없이 헤매는 것을 방지하여 희망했던 결과로 가장 빠르고 가장 확실하게 이끄는 길을 가르쳐준다. 경험이 없는 모든 여행자는 지도 덕분에 헤매는 데 드는 에너지와 시간을 낭비하지 않고 다른 사람이 했던 탐험 결과의 혜택을 얻을 수 있다. 다른 여행자들이 실행한 것에 대한 객관적이고 일반화된 기록 덕분에 스스로 방랑을 반복하지 않아도 되었다.

우리가 과학이나 학문이라고 부르는 것은 과거 경험의 최종적인 산물을 미래에 가장 유용한 것이 되도록 만든다. 이는 즉시 이익[3]으로 바뀔 수 있는 투자와 같으며, 모든 면에서 정신적 부담을 줄여준다. 사실들은 단순히 원래 그것들이 발견된 다양한 사건과 연결되는 것이 아니라 몇몇 공통된 원칙을 중심으로 모여 있기 때문에 기억하기가 덜 부담스러워진다. 그리고 관찰에도 도움이 된다. 우리는 우리가 무엇을 찾고 있으며, 그것을 어디에서 보았는지 알고 있다. 이는 건초더미 속에서 바늘 하나를 찾는 것과, 잘 정리된 상자 속에서 특정한 종이를 찾는 것의 차이이다. [또한 우리가 추론을 할 때에도] 우연한 결합의 연속이 아니라, 자연스럽게 연결되는 생각들을 따라 펼쳐진 일반적인 방향이나 길이 있기 때문에 추론의 방향을 안내받게 된다.

---

3) [역주] 이 책의 다른 모든 부분에서는 interest를 '이해관심'으로 번역했다. 그러나 이 부분에서는 경제적인 의미의 '이익'이라는 표현이 더 적합하다고 생각하여 이와 같이 번역했다.

경험을 논리적으로 표현한 것은 궁극적인(final) 것이 아니며, 그 자체로 가치가 있는 것도 아니다. 그것은 관점, 견해, 방법 면에서 중요성을 갖는다. 과거의 우연적이고 임시적이며 우회적인 경험과, 미래의 통제되고 정돈된 경험 사이를 매개해 주기 때문이다. 그것은 과거의 경험이 미래의 경험에 가장 유용하고 의미 있으며, 풍부한 것이 되도록 과거의 경험에 최종적인 형태를 부여한다. 경험을 논리적으로 표현하는 과정에서 발생하는 추상화, 일반화, 분류는 모두 미래에 의미가 있는 것이다.

정식화된 결과는 성장의 과정과 대립하지 않는다. 그리고 논리적인 것은 심리학적인 것에 반대되는 것으로 설정되지 않는다. [학문과 같이] 점검되고 조정된 결과는 성장의 과정에서 결정적인 역할을 한다. 그리고 전환점을 만들며, 미래에 하게 될 시도를 통제함에 있어 어떻게 하면 과거에 했던 노력의 혜택을 얻을 수 있는지를 보여준다. 가장 넓은 의미에서 보면 논리적 관점은 그 자체로 심리학적이다. 그리고 정식화된 결과는 발달하는 경험 속의 한 지점으로서 의미를 가진다. 정식화된 결과가 정당화될 수 있는가는 미래의 성장 속에서 어떤 기능을 하는가에 달려 있다.

그러므로 우리가 회복해야 할 것은 학문의 내용이나 학습의 분과를 경험하는 것이다. 학문의 내용이나 학습의 분과는 그 근원이 되는 경험으로 되돌아가야만 한다. 그리고 *심리학적*으로 고찰할 필요가 있다. 즉, 그 기원이자 의미(significance)를 갖는 직접적이고 개별적인 경험으로 전환되어야 한다.

모든 학문이나 교과는 두 가지 측면을 가진다. 하나는 한 사람의 과학자로서 과학자에 대해 갖는 의미, 또 다른 것은 한 사람의 교사로서 교사에 대해 갖는 의미이다. 이 두 가지 측면은 의미상 대립되거나 갈등하지 않지만 직접적으로 동일한 것도 아니다. 과학자에게 있어서, 교과 내용은 단지 새로운 문제를 설정하고 새로운 연구를 실시하여 그 결과를 검증하는 과정에서 사용해야 할 특정한 진리의 모음을 의미한다. 과학자에게 과학의 교과 내용은 자기 충족적(self-contained)이다. 과학자는 교과 내용의 다양한 부분을 서로 참고하며 새로운 사실과 연결한다. 과학자는 교과 내용의 특정한 범위 바깥에서 탐험할 것을 요구받지 않는다. 과학자가 교과 내용 바깥에서 탐구하는 것은 똑같은 종류의 일반적인 사실을 더 많이 얻기 위함일 뿐이다.

그러나 교사가 해결해야 할 문제는 다른 것이다. 교사는 자신이 가르치는 과학에 새로운 사실을 추가하는 것, 새로운 가설을 제기하거나 검증하는 것에 관여하지 않는다. 교사는 **발달하는 경험 속에서 특정한 단계와 양상을 나타내는 것**으로서 과학의 교과 내용에 관심이 있다. 교사에게 문제가 되는 것은 아주 중요하고 사적인 경험을 유발하는 것이기 때문에 교사는 교과가 경험의 일부분이 될 수 있는 방법에 관심을 갖는다. 따라서 현재 아동에게 사용 가능한 것은 무엇인지, 그러한 요소들이 어떻게 사용되는지에 관심이 있다. 또한 어떻게 하면 교과 내용에 대한 자신의 (own) 지식이 아동의 필요와 행위를 해석하고, 아동의 성장을 적절하게 지도하기 위해 필요한 매개체를 결정하는 데 도움이 될 것인지에 관심이 있다. 교사는 교과 내용 그 자체에 대해서 관심이 있는 것이 아니라, 총체적이고 성장하는 경험과 관련된 한 가지 요인으로서 교과 내용에 관심이 있다. 그러므로 교과 내용을 이해하는 것은 그것을 심리학적으로 고찰하는 것이 된다.

앞에서 설명했던 것처럼, 교육과정과 아동을 서로 대립하는 것으로 설정하는, 교과 내용의 이중적 측면을 마음속에 담아두는 것은 바람직하지 않다. 과학자가 아동의 현재 경험과 직접적인 관계가 없는 것처럼, 교과 내용은 아동의 현재 경험과 직접적인 관계가 없다. 아동의 경험 바깥에 있다. 여기에서 발생하는 위험은 단순히 이론적인 것이 아니다. 우리는 모든 측면에서 실질적으로 위협을 받고 있다. 교과서와 교사는 아이에게 교과 내용을 제시함에 있어서, 마치 전문가를 대상으로 하는 것처럼 서로 경쟁하고 있다. 그리고 교과 내용을 수정하거나 개정할 때는 과학적으로 어려운 문제를(difficulties) 빼버리고 교과 내용을 더 낮은 지적 수준으로 떨어뜨린다. 게다가 학습 자료는 삶과 관련 있는 것으로 바뀌는 것이 아니라, 아동의 현재 삶을 대체하는 것이나 외부에서 첨가된 것으로 제시된다.

그 결과 세 가지 전형적인 폐해가 나타난다. 첫째, 아동이 이전에 보고 느끼고 사랑했던 것과 유기적인 관련성이 없기 때문에 학습 자료는 순전히 형식적이고 상징적인 것이 된다. 지나치게 형식적이고 상징적인 것에 가치를 부여하는 것은 곤란하다. 진정한 형식, 참된 상징은 진리를 포착하고 발견하는 데 도움이 되고, 개인이 탐험되지 않은 영역으로 확실하고 폭넓게 나아가도록 해주는 도구이다. 상징과 형식은 그것이 어떤 것이든 간에 과거에 탐색을 통해 얻은 실재에 집중하도록 돕는 수단이다. 그러나 이는 상징이 이전에 개인이 겪은 실제 경험을 나타내고 그 경험을 압축적으로 보여줄 때만 가능한 일이다.

외부로부터 생겨난 상징, 아동이 이전에 했던 활동과 관련이 없는 상징은 무의미하거나 단순한 상징일 뿐이다. 아동의 삶 속에서 이전에 중요한 위치를 차지하던 것에 가까이 가지 못하고, 그 바깥에 있는 모든 사실은—그것이 수학이든 지리학이든 문법이든 간에—무의미한 상징이 될 수밖에 없다. 그러한 상징은 실재가 아니라, 단지 특정한 조건이 달성된다면 경험할 수도 있는 실재를 나타내는 기호이다. 그러나 다른 사람이 알아낸 사실을 갑자기 제시하거나 아동에게 오로지 혼자 학습하고 배우도록 요구하는 것은 그러한 조건이 달성되지 못하게 한다. 그것은 사실을 뜻 모를 상형문자로 만드는 것이며, 누군가가 그것을 해독할 열쇠를 가지고 있을 때에만 의미를 가질 것이다. 그러한 상형문자를 해독할 수 있는 단서가 없다면, 그것은 쓸데없는 호기심과 엄청난 부담으로 남아 아동의 마음을 초조하게 만들고 학습을 방해할 뿐이다.

외부에서 교과 내용을 제시할 때 생겨나는 두 번째 폐해는 동기를 유발하지 못한다는 것이다. 거기에는 자기 것으로 만들고 흡수하고 싶어 하던 새로운 사실이나 진리가 존재하지 않는다. 뿐만 아니라 열망도 필요도 요구도 없다. 교과 내용이 심리학적으로 검토될 때, 즉 교과 내용을 아동의 현재 경향과 활동이 낳은 산물로 여길 때를 생각해 보자. 이 경우 문제가 되는 진리(the truth)에 정통하게 되면, 현재 당면한 지적·실제적·윤리적 장애물이 어디에 있는지 찾기가 쉬워지고, 장애물을 더욱 적절하게 처리할 수 있게 된다. 이러한 것을 필요로 할 때 학습 동기가 생긴다. 아동의 고유한(own) 목적은 그러한 필요를 달성하는 수단을 갖는 것이다. 그러나 학습 자료가 하나의 수업으로서, 배워야 할 수업의 형태로 직접적으로 주어질 때, 필요와 목적을 연결하는 고리가 없다는 것이 드러날 것이다. 가르침에 있어서 아동이 기계적이고 활력이 없는 것은 이러한 동기부여가 이루어지지 않았기 때문이다. 유기적이고 활력을 주는 것은 상호작용―[동기라는 아동의] 정신적인 수요와 [학습 자료라는] 물질적인 공급의 작용―을 의미한다.

세 번째 폐해는 가장 논리적인 방식으로 정리된, 가장 과학적인 자료(matter)라 할지라도 외부적이고 이미 정해진 방식으로 아동에게 제시되는 경우에는, 논리적이라는 특성을 잃어버린다는 것이다. 그러한 자료는 아동이 충분히 이해하기 힘든 일부 단계를 제외하고, 그에 수반되는 몇몇 어려움을 줄이기 위해 일부 수정을 거쳐야 한다. [이 과정에서] 무슨 일이 일어났는가? 과학적인 사람에게 가장 중요하고, 실제 탐구와 분류의 논리에서 가장 가치있는 것들이 떨어져나간다. 진실로 사고를 촉진하는 특징은 희미해졌으며, 체계적으로 조직하는 기능은 사라진다. 아니면 우리가 공통적으로 말하는 것처럼 아동의 추론하는 힘, 추상화하고 일반화하는 능력이 충분하게 발달하지 않는다.

그렇게 해서 교과 내용은 논리적인 가치를 잃어버리고 단순히 '암기'를 위한 것이 된다. 이것은 모순이다. 아동은 발달된 논리적 정식화의 혜택도 얻지 못하고, 이해와 반응이라는 자신의 본래 역량의 혜택도 얻지 못하기 때문이다. 따라서 아동의 논리는 방해받고 억제된다. 이 경우 아이가 사실상 과학이 아닌 것, 한두 세대 전에나 과학적 생명력을 가지고 있던 것의 단조롭고 흔해빠진 잔

여물을 배우지 않는다면, 우리는 운이 좋은 셈이다. 즉, 아이가 옛날 옛적에 좀 더 앞서갔던 어떤 사람의 경험을 토대로 다른 누군가가 정식화했던 것을 상기하는 것으로 퇴보하지 않는다면, 우리는 정말 운이 좋은 것이다.

　폐해는 끝없이 이어진다. 대립하는 잘못된 이론들이 각기 다른 분야에 직접 작용하는 일이 너무 흔하게 일어난다. 심리학적인 고려사항이 불분명해지거나 한쪽으로 밀려날 수도 있다. 그러나 밀려날 리가 없다. 그것들은 문을 망가뜨리면 창문을 통해 돌아온다. 어떻게든, 어디서든 동기가 유발되려면 정신과 학습 자료가 연관되어 있어야만 하기 때문이다. 이렇게 연결되지 못할 경우 문제의식(question)이 없다. 그런 경우 유일한 문제는 정신과의 관계 속에서 학습 자료를 만들어낼 것인가, 아니면 바깥에 있는 원천으로부터 학습 자료를 들여와서 연결할 것인가 하는 것뿐이다.

　교과 내용이 아동의 확장하는 의식 내에서 적절한 공간을 차지한다면, 즉 교과 내용이 그가 과거에 했던 활동, 생각, 고생으로부터 생겨나서 더 나아간 성취와 이해로 성장해 나간다면, 교과 내용에 대한 아동의 '이해관심'을 얻기 위해 어떤 도구적 장치나 요령에 의존할 필요가 없다. 심리학적인 것은 이해관심에 대한 것이며, 이해관심은 의식적인 삶 전체에 자리하고 있어서 그 삶의 가치를 공유한다. 그러나 아동으로부터 멀리 떨어진 관점과 태도 속에서 고안되고 발생되며, 아동에게 낯선(alien) 동기에서 발달된, 외부적으로 주어진 학습 자료는 이해관심을 위한 공간이 없다. 그러므로 아동에게 이해관심을 불어넣고, 작동시키며, 끄집어내기 위해 부자연스러운 반복 연습, 우연히 효과가 있는 수단들, 인위적인 유혹물(bribe)에 의존하게 된다.

　교과 내용에 심리학적 의미를 부여하기 위해 외부적 방식에 의존하는 것이 갖는 세 가지 측면은 언급할 만한 가치가 있다. [첫째로] 익숙함은 경멸을 낳지만, 애정을 유발하기도 한다. 우리는 우리가 걸치고 있는 사슬에 익숙하며, 그것이 제거되면 그리워한다. 우리는 처음에는 끔찍해 했지만 관습적으로 하게 되면 결국 그것을 받아들이는 경향이 있다. 즉, 무의미하기 때문에 불쾌했던 활동도, 오랫동안 지속되면 받아들일 수도 있는 것이다. **만약 무의미한 것을 오래 지속해서 수용하게 만드는 작동방식을 요구하고 모든 다른 종류의 작동방식을 배제하는 조건들이 지속적으로 주어진다면, 우리의 정신은 일상적이고 기계적인 절차 속에서 이해관심을 발달시킬 수도 있다.**

　나는 "아이들이 그러한 것들을 하는 데 '이해관심'이 있다."는 이유로 따분한 장치와 무의미한 연습활동을 옹호하고 찬양하는 것을 자주 들었다. 정말이지 그것은 최악이다. 가치 있는 일을 할 수 없게끔 차단당하고 적절한 수행의 맛을 잃어버리면, 정신은 스스로에게 남겨진 낮은 수준으로 내려간다. 그리고 억지로 비좁고 제한된 경험 속에서 이해관심을 취한다. 그 자신의(own) 활동에서 만족을 찾는 것이 정신의 일반적인 법칙이기 때문이다. 그래서 만약 정신적으로 풍부하고 유의미한 일이 부정된다면, 정신은 자신에게 남아 있는 형식적인 움직임에 스스로 만족하고자 한다. 정신적으로 도저히 수용할 수 없는 강한 활동을 제외하면 이와 같은 일이 너무 자주 일어나서 학교의 산물 중 제멋대로이고 **격 떨어지는**(déclassé) 것을 형성한다. 그리고 많은 학생은 상징을 형식적으로 이해하고, 이를 암기하는 데 대한 이해관심이 실재에 대한 본래적이고 중요한 이해관심을 대체하게 된다. 또한 교과 내용이 개인의 구체적인 정신과 관계를 맺지 못하고 있기 때문에, 정신과 교과 내용을 연결해 주는 몇몇 대체물을 찾아내서 정교하게 만들어야 한다.

교과에서 현재 사용되고 있는 동기유발의 두 번째 대체물은 대비 효과(contrast-effect)이다. 수업 자료는 그 자체로는 흥미롭지 않더라도, 다른 대안적인 경험과 대조할 경우 흥미로워진다. 수업을 듣는 것이 잔소리를 듣거나, 비웃음을 사거나, 방과 후에 남겨지거나, 불명예스럽게 낮은 점수를 받거나 진급에서 낙제하는 것보다는 재미있기 때문이다. 그리고 '훈육'이란 명목으로 행해지는 많은 것들, 온건한 교육학을 반대하고 노력과 의무라는 기치를 떠받드는 것에 대한 자부심이 바로 이해관심의 반대 측면에서—다양한 종류의 신체적·사회적·개인적 고통을 두려워하고 싫어하는 것—'이해관심'을 이끌어내는 것이 틀림없다. 그러한 교과 내용은 매력적이지 않으며, 매력이 있을 수 없다. 성장하는 경험 속에 기원(origin)을 두지 않으며, 성장하는 경험과 관계가 없기 때문이다. 그래서 아동의 방황하는 정신이 순전히 [다른 것에 대한] 거부와 반발 때문에 학습 자료에 의지하게 하는, 외부적이고 부적합한 수많은 매개체(agency)에 호소하는 것이다.

그러나 인간의 본성이 무엇이든 간에, 마음에 들지 않는 불쾌한 것보다는 마음에 드는 유쾌한 것에서, 그리고 대안적인 고통 속에서보다는 직접적인 즐거움(pleasure) 속에서 동기가 유발되는 경향이 있다. 그래서 잘못된 의미에서 '흥미로운(interesting)' 것

에 대한 근대적인 이론과 실천이 형성되었다.[4]

학습 자료는 그 고유의 특성들에 관한 한, 여전히 외부에서 선별되고 정식화된 것으로 남아 있다. 언어, 지구, 셈하고 측정한 실재에 대한 아동의 경험이 갖는 많은 잠재력이 아니라, 여전히 지리학과 수학, 문법학으로 남아 있다. 이 때문에 정신을 그러한 학문과 연관시키는 것이 어려우며, 정신이 반발하고 주의를 집중하지 못하며 헤매는 경향이 나타난다. 그리고 머릿속에 다른 행동과 이미지가 가득 차서 수업 내용을 밀어낸다. 이에 대한 적절한 해법은 학습 자료를 변형하고, 심리학적으로 고찰하는 것이다. 즉, 아동의 삶의 영역과 범위 내에서 학습 자료를 받아들이고 발전시키는 것이다.

그러나 학습 자료를 그냥 그대로 남겨둔 채 방법상의 요령을 써서 이해관심을 불러일으키고 학습 자료를 흥미로운 것으로 만드는 것이 더 쉽고 간단하다. 즉, 학습 자료를 아이의 입맛에 맞게 만드는 것, 매개적(intermediate)이고 무관한 자료로 학습 자료의 빈약함을 감추는 것, 결국 아이가 매우 다른 어떤 것을 맛보며 즐기는 동안 입에 맞지 않는 음식조각을 삼키고 소화시키도록 만드는 것이 훨씬 쉽고 간단하다. 그러한 비유는 슬프다! 정신적으

---

4) [역주] '재미있는(흥미 있는)'이라는 말이 마치 아동에게 원초적이고 직접적인 쾌락을 주는 것이라는 의미로 잘못 이해되었음을 지적하고 있다. 이런 식의 오해는 조직화된 교과 내용이나 교육과정이 아동의 이해관심에 반대되는 것이라는 생각을 낳는다. 듀이는 아동의 요구와 힘, 관심을 그대로 맞춰주고 만족시켜주는 것이 아니라, 그 속에 잠재된 가능성을 발견하고 더욱 고양해 줄 수 있도록 해야 한다고 보고 있다. 듀이의 관점에서 본다면, 교육과정과 아동의 이해관심은 결코 대립되는 것이 아니며, 오히려 조직화된 교과 내용은 아동의 이해관심이 성장을 향해 나아갈 수 있도록 안내해 주는 역할을 한다.

로 흡수하는 것은 의식(consciousness)의 문제이다. 만약 실제 학습 자료에 대해 주의집중이 이루어지지 않았다면, 아동은 그러한 자료를 이해하지 못하며, 그 자료는 기능을 발휘하지 못한다.

그렇다면 아동 대 교육과정이라는 사건은 어떻게 되는가? 이에 대해 어떤 판결을 내려야 할 것인가? 우리가 원래 생각했던 변론이 가지고 있는 근본적인 오류는, 아무런 안내도 없이 아이가 스스로 하도록 내버려두거나 아니면 외부에서 아이에게 방향을 주입하는 것 외에 다른 선택지가 없다는 전제이다. 행동은 [무언가에] 반응하는 것이며, 적용하고 조정하는 것이다. 그러므로 순전히 독자적으로 활동이 가능한 것은 없다. 왜냐하면 모든 활동은 매개체 속에서, 상황 속에서, 그리고 활동의 조건들과 관련하여 일어나기 때문이다. 그러나 거듭 말하지만 외부로부터 진리를 도입하고 주입하는 것은 불가능하다. 모든 것은 외부로부터 주어지는 것에 대해 정신이 반응하면서 겪는 활동에 달려 있다.

이제 우리는 학업과정을 구성하는 풍부하고 정식화된 지식이 교육자로 하여금 **아동의 환경을 결정**하고, 아동을 간접적으로 안내할 수 있기 때문에 가치 있다는 것을 안다. 정식화된 지식이 갖는 주된 가치, 정식화된 지식이 주로 지시하는 것은 교사를 위한 것이지 아동을 위한 것이 아니다. 그것은 교사에게 다음과 같이 말한다. "이러이러한 것들이 진리, 아름다움, 행동 속에서 이 아이들에게 열려 있는 역량, 성취이다. 이제 아이들의 고유한(own) 활동이 필연적으로 정점을 향해 움직이는지 상황을 매일 살펴보라. 현재 세계를 주름 잡고 있는 과학, 예술, 산업이 어떤 것이든 간에 그 속에서 아이들의 본성이 자신의 고유한 운명을 실현하도록 해주어라."

　결국 아동 대 교육과정이라는 사건의 승자는 아동이다. 이는 아동이 현재 가지고 있는 힘을 스스로 행사해야 하며, 현재 가진 역량과 사고방식을 발휘하고 실행해야 한다는 것을 의미한다. 그러나 교육과정 속에 구현된 인류의 경험을 교사가 완전히 알고 있지 않다면, 교사는 아동이 가지고 있는 현재의 힘, 역량, 태도가 무엇인지 알지 못할 뿐만 아니라 그것이 어떻게 행사되고 발휘되는지도 알지 못한다.

제4장 진보주의 교육과 교육과학[1]

듀이는 교육에서 '진보적'이라고 불리던 일부 생각과 프로그램들에 대해 아주 혼란스러워졌다. 특히 제1차 세계대전 이후 10년 동안 그러했다. 그 시대는 터무니없는 희망과 감상적 환멸이 번갈아 생겨난 것이 특징이었는데, 교육적 개혁에 대한 생각들이 점점 그러한 것들의 영향을 받고 있었다. 1919년에 창설된 진보주의 교육 협회와 관련되는 것을 거부한 후, 듀이는 1928년 명예회장직을 받아들여 진보주의 운동이 교육과학에 공헌했는지 아닌지, 필수적인 지적인 엄격함에 대해 털어놓고 이야기할 기회로 활용했다. 듀이의 의문과 경고는 스스로를 듀이의 추종자라고 칭하는 사람들에게 거의 영향을

---

1) [원주] *Progressive Education*, Vol. V(1928), pp.197~204. Reprinted by permission of the Committee on Publication of the John Dewey Society.
   [역주] 교육과학(敎育科學, Science of Education)은 교육을 사회적 사실로 파악하고, 이를 과학적 방법을 이용하여 실증적으로 연구하는 학문으로 사변적(思辨的) 교육학과 대비된다. 교육과학적 입장을 취한 최초의 학자는 프랑스의 사회학자 에밀 뒤르켐이다. 교육과학은 교육을 사회현상으로 파악하고, 인간의 발달은 사회적 환경에 의해 규정된다고 보며, 1910년대 미국에서 교육과학적 연구가 성행했다고 한다. 넓게 보면 교육학이라는 말로 표현할 수도 있겠으나, 듀이의 원래 표현인 'The Science of Education'을 살리고자 했으며, 교육과학에서 주장하는 내용이 실험적, 과학적 탐구를 강조한 듀이의 주장을 드러내기에 더 좋을 것 같아서 '교육과학'으로 번역했다.

끼치지 못했다. 이 연설에서 나타나는 것처럼, 듀이는 스스로가 개혁을 향한 필수적인 운동의 일부로 여겼던 것에 대해 지나치게 비판적이 되는 것을 망설였던 것 같다. 그러나 더욱 근본적인 것은, 듀이가 비난했던 지나친 단순화와 과장을 조장한 것이 바로 듀이 자신의 철학의 모호성은 아니었는지의 문제이다.

진보주의 교육이란 무엇입니까? 교육에서 실험과 실험학교는 어떤 의미를 가집니까? 그런 학교는 무한히 많은 아이가 가르침과 훈육을 받는 다른 학교를 위해 무엇을 할 수 있습니까? 진보적인 학교의 작업은 지적이고 안정된 교육적 실천에 공헌을 합니까? 특히 어떤 점에서 교육 이론에 공헌할 것이라고 기대할 수 있습니까? 여기 나타난 다양한 기획 속에 지적, 도덕적 면에서 공통적인 요소가 있습니까? 아니면, 각각의 학교는 특정한 담당자의 욕구와 선호를 토대로 자신만의 길을 가고 있습니까? 적어도 한 번쯤 어떤 것을 시도하는 실험, 머릿속에 어떤 '행복한 생각'이 생겨날 수 있도록 하기 위한 실험을 합니까? 아니면 적어도 작동하고 있는(working) 가설로 채택된 원칙들에 의존하고 있습니까? 근원적인 가정을 지속적으로 관찰하고 확인하여 지적으로 발달하게 된 실제적인 결과가 있습니까? 만약 다른 학교의 작업에 생동감을 불어넣고 활력을 주기 위해 다양한 진보적인 학교의 제안을 퍼뜨린다면 만족할 수 있겠습니까? 아니면 우리는 다양한 학교의 협력적인 기획을 통해 교육 이론에 뚜렷하게 기여할 수 있는 일관성 있는 교육 원칙을 점차 만들어갈 것을 요구해야 합니까?

진보적인 학교가 많이 생겨날 때 이러한 질문들이 머릿속에 떠오릅니다. 제시된 질문은 모든 것을 포괄하는 것과는 거리가 멉니다. 한쪽으로 치우쳐 있으며, 의도적으로 그렇게 한 것입니다. 그러한 질문들은 진보적인 학교들이 그 학교에 다니는 아이들을 위해 실제로 무엇을 하고 있는가, 어떻게 아이들과 그들의 가족, 친구들에 대하여 학교의 주요한 책임을 달성하는가와 같은 중요한 것에 대해서는 묻지 않고 조용히 넘어갑니다. 말했다시피 이렇게 한쪽으로 치우쳐서 강조하는 것은 의도적인 것입니다. 그러한 질문들은 또 다른 편향된 관점을 받아들이는 형태를 취합니다. 즉, 진보적 학교에 기대할 수 있는 지적인 공헌에 대해 사람들이 관심을 갖도록 유도합니다.

이러한 편파성이 나타나는 이유는 아주 가까이에 있습니다. 여러분이 자신의 경험과 생각을 주고받는 과정에서 불분명한 그런 질문들이 두드러지게 나타나는 것은 당연합니다. 그리고 진보적인 학교에서 학생들이 스스로 발전하고(progressing) 있다는 것과, 더욱 진보적인 학교를 설립하려는 운동이 진행되고 있다는 것을 저는 의심하지 않습니다. 또한 저는 학생들이 대학에 가거나 사회로 진출할 때 일어날 일에 대한 한때의 두려움에서 비롯된 그 오래된 질문이 이제 더 이상 가능한(open) 질문이라고 생각하지 않습니다. 진보적인 학교에 다니는 학생들이 훌륭하게 잘해냈다는 것이 경험적으로 증명되었습니다. 그래서 저는 지금이 교육이라는 예술 및 철학과 진보주의 운동의 관계에 대한 지적이고 이론적인 문제를 제기하기에 적절한 시기라고 생각했습니다.

다양한 진보적인 학교에 공통된 요소들이 있느냐는 물음에는 어느 정도 쉽고 분명하게 답할 수 있습니다. 제가 당연하게 받아들이는 모든 학교는 전통적인 학교와 비교할 때 공통적으로 개별성과 자유에 대한 존중을 강조합니다. 또한 외부적인 교과 내용과 기준을 강요하기보다는 그 학교에 올 소년 소녀들의 본성과 경험에 기초하여 교과 내용과 기준을 만들려는 공통적인 경향이 있습니다. 그리고 형식화(formalization)가 진정한 정신적 활동과 진실한 감정의 표현 및 성장을 어렵게 만든다는 것이 경험적으로 증명되었기 때문에, 모두 격식을 차리지 않는 분위기를 띱니다. 수동성과 구별되는 능동성을 강조하는 것도 공통된 요소들 중의 하나입니다.

또한 저는 모든 진보적인 학교가 공통적으로 인간적인 요소, 보통의(normal) 사회적 관계, 본질적으로 학교 문 너머 커다란 세상에서 발견되는 의사소통과 교류에 특히 관심이 있다고 생각합니다. 그리고 모두 아동과 아동 간의, 교사와 아동 간의 평범한 인간적 관계가 교육적으로 가장 중요하다고 믿는다는 점에서 비슷합니다. 또한 모두 인위적인 개인적 관계가 삶과 학교를 단절시킨 주된 요인이었다고 믿지 않는 것도 진보적인 학교의 공통점입니다.

우리는 진보적인 학교들 간에 적어도 그 정도의 공통의(common) 정신과 목적이 존재한다고 추정할 수 있습니다. 그리고 우리는 이미 교육 이론에 뚜렷하게 공헌한 바가 있습니다. 개별적인 역량과 이해관심 및 경험에 대한 존중, 적어도 교사들로 하여금 아이들이 진짜 어떤 존재인지 알 수 있도록 해주는 충분한 외적 자유와 격식을 차리지 않는 분위기, 스스로 수행하는 학습에 대한 존중, 학습의 촉매제와 중심으로서 활동을 존중하는 것, 그리고 무엇보다도 모든 것을 포괄하는 매개체로서 보통 인간 차원에서 이루어지는 사회적인 만남과 의사소통, 협력에 대한 믿음이 우리가 교육이론에 공헌한 바입니다.

이러한 아이디어들은 결코 보잘것없는 공헌이 아닙니다. 그것은 진보적인 학교의 영향을 받게 될 사람들의 행복과 인격적 통합성(integrity)[2]뿐만 아니라 교육 이론에 대한 공헌이기도 합니다. 그러나 그러한 공헌의 요소들은 일반적이기 때문에 모든 일반론처럼 다양하고 모호한 해석의 대상이 됩니다. 교육 이론에 대한 공헌의 요소들은 진보적인 학교가 교육 이론이나 교육과학에 할 수 있는 공헌의 출발점을 나타냅니다. 그러나 단지 출발점만을 나타낼 뿐입니다. 그렇다면 우리의 질문을 하나로 축소해 봅시다. 학교의 실제적인 운영에 지적인 안내를 해줄 수 있는 입증된 사실들과 검증된 원칙들의 조직체를 과학이라고 한다면, 교육과학과 진보주의 교육 간에는 어떤 뚜렷한 관계가 있습니까?

만약 우리가 처음부터 교육이 무엇인지, 교육의 목표와 방법이 무엇인지가 이미 알려져 있다고 단정하지 않는다면, 현 시대에 다른 교육과학이 가능할 뿐만 아니라 매우 필요하다고 공언하는 것은 잘못도, 과장도 아닙니다. 물론, 그렇게 말하는 것은 과학이

---

2) [역주] integrity라는 말은 정직, 용기, 성실함, 진실함 등을 모두 포함하는 말로서, 분열되어 있지 않고 온전하고 완전한 상태를 나타낸다는 의미에서 완전성, 통합성이라는 말로 번역되기도 한다. 그러나 완전성이나 통합성이라는 단어만으로는 본래의 의미를 살리기에는 한계가 있는 것 같아, 한 사람의 인격이 일관되고 온전하다는 점에서 '인격적 통합성'이라는 말로 번역했다.

본래 진리에 대한 유일하고 보편적인 체계라는 생각과 반대됩니다. 그러나 이러한 생각에 대해 우리가 겁을 낼 필요는 없습니다. 수학이나 물리학처럼 발전된 학문에서조차도 다양한 관점과 가정들을 기꺼이 받아들이고 다른 이론에 기초하여 연구함으로써 진보가 이루어지기 때문입니다. 과학은 고정되어 있지 않고, 닫혀 있지 않은 정설(orthodoxy)을 나타냅니다.

그리고 우리는 교육과 같은 일에서 '과학'이라는 단어를 조심스럽고 겸손하게 사용해야 합니다. 엄격하게 과학적이 되면 겉치레(pretence)에 더 많이 시달릴 수 있다고 주장하는 교과는 없습니다. 그리고 누구도 모든 사람에게 수용될 신념의 표준화된 묶음인, 엄격한 정설을 설정하는 것이 더 위험하다고 주장하지 않습니다. [그러나] 의심할 여지없이 분명한 하나의 교육이란 없기 때문에, 그리고 사회와 학교가 실천과 목적에 있어 죽은 듯이 단조로운 획일성에 도달할 가능성이 없기 때문에, 단 하나의 과학이란 있을 수 없습니다.

학교마다 운영 방식이 다르기 때문에 각각의 운영 방식으로부터 고안된 지적인 이론들도 달라야 합니다. 진보적인 학교는 실천에 있어서 전통적인 학교와는 다르기 때문에 하나의 유형에 맞는 지적인 정식화와 조직이 다른 유형에도 맞을 것이라고 생각하는 것은 어리석습니다. 더 오래되고 전통적인 유형의 학교에서 발생하는 과학이 진정한 것이 되기 위해서는 이런 생각에 기반하여 작업을 해야 합니다. 그리고 교과 내용과 방법에 있어 낭비를 없애고 자원을 보존하며 기존의 실천을 더욱 효과적인 것으로 만드는 원칙들로 바꾸려고 노력해야 합니다.

진보적인 학교가 옛날의 기준들로부터 벗어나 자유, 개별성, 활동, 협동적인 사회적 매개체를 강조하는 만큼, 진보적인 학교가 공헌하게 될 사실과 원칙들의 지적인 조직체는 전통적 학교와는 반드시 달라야만 합니다. 진보적인 학교는 다른 유형의 실천에 기초를 두고 발전해 온 '과학'으로부터 가끔 일부분을 차용해서 쓸 수 있을 뿐입니다. 그것도 자신들의 특별한 목적과 절차에 적절한 것만 빌려 쓰는 것입니다. 물론 [진보적인 학교의 과학과 전통적인 학교의 과학이] 얼마나 많이 관련되어 있는지를 알아내는 것이 진짜 문제입니다. 그러나 이것은 전통적인 학교교육에서 획득된 방법과 결과들이 진보적인 학교가 따라야만 하는 과학의 기준이 된다고 가정하는 것과는 전혀 다릅니다.

예를 들어, 전통적인 학교에서 발견되는 실천의 이론들이 시험과 측정(measurements)을 매우 중시하는 것은 자연스럽고 적절합니다. 전통적인 학교에서 발견되는 이론은 채점, 등급 매기기, 분류, 진급을 중요하게 여기는 학교 행정 양식을 반영하기 때문입니다. IQ검사와 성취도 측정은 이러한 작업을 더욱 효율적으로 만드는 방법입니다. IQ검사를 중요하게 여기는 이유가 분류를 해야 할 필요성 때문임을 보여주는 것은 그리 어렵지 않을 것입니다. IQ검사를 하는 목적은 하나의 규준(a norm)을 세우는 것입니다. 그 규준은 본래 많은 수의 학생에게서 발견되는 평균으로서, 통계적으로 정밀하지 않습니다. 이 평균이 발견되면, 어떤 특정한 아동을 평가할 수 있습니다. 아동은 평균에 도달하거나, 평균 아래로 떨어지거나, 평균을 넘어섭니다. 그러므로 IQ검사의 결과를 적용하면 마구잡이로 비교했던 옛날의 방법보다는 더욱 정확한 분류가 가능합니다. 그러나 이 모든 것이 개별성을 중요하게 여기고, '등급(class)'을 사회적 목적을 위해 집단을 나누는 것이라고 보며, 획일성보다는 능력과 경험의 다양성을 높이 평가하는 [진보적인] 학교와 어떤 관계가 있습니까?

평균을 구하고 분류하는 시스템에서는 음악, 연극, 그림 그리기, 기계를 다루는 기술이나 예술과 같은 일부 특별한 역량을 다른 요소에 비해 부수적인 것으로 여깁니다. 어쩌면 그러한 것들은 검사 목록에도 없을 것입니다. 그리고 어떤 경우에는 그러한 특별한 역량이 최종적으로 제거하고 없애야 할 것으로 여겨집니다. 그러나 진보적인 학교에서는 그런 능력들이 집단의 협동적인 경험에서 사용되어야 할 독특한 자원입니다. 단순히 평가곡선상에서 개별 아동에게 일정한 지점을 할당하는 것으로 여겨질 때까지 그러한 역량을 다른 자질들과 함께 평균을 내어 하향 평준화하는 것은 진보적인 학교의 목적과 정신에 반대됩니다.

진보적인 교육자는 사람들이 종종 이야기하는 것처럼 과학이 양적인(quantitative) 결과에 의해 이루어진다거나, 존재하는 것은 모두 측정될 수 있다는 생각 때문에 지나치게 신경 쓸 필요가 없습니다. 왜냐하면 모든 대상은 양적인 단계에 도달하기 전에 질적인 단계를 거치기 때문입니다. 그리고 만약 이것이 지위(place)의 문제라면, 수학과 같은 학문에서조차도 질(quality)과 거의 유사한 순서(order)와 비교할 때 양은 2차적인 지위를 차지한다는 것을 보여줄 수 있습니다.

모든 경우에 있어서, 교사에게 활동과 결과의 질(quality)은 어떤 양적인 요소보다도 중요합니다. 만약 이 사실이 특정 종류의 과학이 발달하는 것을 막는다면 불행한 일일 것입니다. 그러나 교육자는 질이 양으로 환원될 수 있는 방법이 나타날 때까지 앉아서 기다릴 수만은 없습니다. 교육자는 지금 당장 작업을 해야 합니다. 만약 교사가 자신이 하고 있는 질적인 과정과 결과를 관련성이 있는 지적인 형태로 조직화할 수 있다면, 그는 실질적으로 가장 중요한 것을 무시해 가면서 지금 측정되는 것과 같이 중요하지 않은 부산물에 자신의 에너지를 바치는 것보다 진정한 의미에서 훨씬 과학적인 방법을 발전시키는 것입니다.

게다가, 설령 존재하는 모든 것이 측정될 수 있다는 것이 사실이라 할지라도 존재하지 않는 것은 측정될 수 없습니다. 그리고 교사가 존재하지 않는 것에 깊이 관련되어 있다고 말하는 것은 모순이 아닙니다. 진보적인 학교는 주로 성장, 움직이고 변화하는 과정, 기존의 역량과 경험을 변형시키는 것에 관심을 가지고 있습니다. 타고난 자질처럼 이미 존재하는 것과 과거에 이룩한 성취는 그것이 가진 미래의 가능성에 비해 부차적입니다. 가능성은 이미 존재하는 것보다 더 중요하며, 이미 존재하는 지식은 오직 가능성과의 관계 속에서만 중요합니다. 변화 없이 고정된 교육 시스템에서 교육의 한 이론으로서 성취의 측정이 갖는 의미는, 역동적이고 지속적인 성장의 과정이 중요한 교육 시스템 속에서 성취의 측정이 갖는 의미와 전혀 다릅니다.

광범위하게 자료를 수집하고 정확하게 측정하여 학습의 대상을 결정하고 교과 내용을 선별하려는 시도에도 똑같은 원리가 적용됩니다. 우리가 기존 사회의 목적과 과정에 전체적으로 만족한다면, 이러한 방법이 적절합니다. 여러분이 학교가 기껏해야 낭비를 없애고, 이미 행해지고 있는 것들을 좀 더 잘할 수 있도록 몇몇 요소를 추가하면서 현재 질서를 영속시키기를 원한다면, 한 가지 유형의 지적 방법이나 '과학'이 제시됩니다. 그러나 누군가가 질적인 측면과 방향 측면에서 현재와는 다른 사회적 질서가 바람직하다고 여기고, 기존의 것에 안주하지 않고 변화시키려는 욕구를 가지고 있다고 생각해 봅시다. 또한 그렇게 할 준비가 된 개인들을 길러낸다는 관점에서 학교가 사회적 변화에 맞추어 교육하려고 노력해야 한다고 가정해 봅시다. 만약 그렇다면 교육과학에 있어서 매우 다른 방법과 내용이 제시됩니다.

지금까지 이야기한 것은 진보적인 학교의 교육자들이 비과학적이라는 비판 — 진보적인 학교와는 매우 다른 목적과 절차를 가진 학교에 맞는 이론의 관점을 가진 사람들이 하는 비판 — 에 대한 그들의 지나친 염려를 덜어줄 수도 있습니다. 그러나 진보적인 학교 교육자들에게 조직화되고 체계적이며, 지적인 질(quality)에 기여해야 할 책임을 면제해 주려고 한 이야기는 아닙니다. 오히려 그 반대의 경우입니다.

모든 새로운 운동과 개혁운동은 저항, 일탈과 같은 소극적인(negative) 시기와 혁신의 단계를 거칩니다. 진보주의 교육 운동이 그렇지 않다고 한다면 정말 의외일 것입니다. 예를 들면, 전통적인 학교의 형식성과 불변성(fixity)은 억압적이고 구속적인 것처럼 보입니다. 그러므로 이러한 전통적인 학교의 이상(ideal)과 방법에서 벗어난 학교에서는 자연스럽게 자유가 인위적이고 감각을 마비시키는 제약들을 제거하는 것으로 여겨집니다. 그러나 자유 그 자체를 목적으로 여기지 않는 시대, 기껏해야 적극적이고 건설적인 종류의 다른 어떤 것을 할 기회를 나타낸다는 점을 제외하면 자유를 충족하거나 유지해야 할 아무런 이유가 없다고 여기는 시대에 그러한 제약을 제거하고 폐지하는 것은 소극적인 것입니다.

지금 저는 진보주의 교육의 이러한 초보적이고 소극적인 측면이 진보주의 교육의 과정 전체에 대한 것이었는지, 그리고 진보적인 학교가 구조적으로 더욱 조직화된 기능을 할 시기에 도달했는지를 알고 싶습니다. 한 가지는 분명합니다. 진보적인 학교는 조직화되고 구조적인 작업에 참여하는 만큼, 교육의 이론적 측면이나 지적인 측면을 강화하는 데 분명한 공헌을 하게 되어 있습니다. 이것을 교육과학이라고 부르든 교육철학이라고 부르든 저는 관심이 없습니다. 그러나 만약 진보적인 학교가 자신들의 작업을 지적으로(intellectually) 조직하지 않는다면, 아동의 삶을 더욱 즐겁고 활력 있게 만드는 과정에서 많은 일을 하고 있음에도 불구하고 교육과학에는 부수적인 파편만을 기증할 뿐입니다.

조직(organization)이라는 단어는 자유롭게 사용되어왔습니다. 이 단어는 [진보적인 학교가 교육이론에 기여하느냐라는] 문제의 본질을 나타냅니다. 조직과 관리(administration)는 전통적인 체계에서 함께 결합되는 단어들이며, 이로 인해 조직은 외부적이고 정해진 것이라는 느낌을 줍니다. 그러나 이러한 종류의 조직에 대한 반작용(reaction)은 또 다른 종류의 조직에 대한 요구를 만들어낼 뿐입니다. 모든 진정한 지적 조직은 유연하게 움직이면서도, 질서와 지속성 면에서는 자신만의 내적 원칙을 가지고 있습니다.

어떤 실험적인 학교는 교과 내용을 즉흥적으로 만들려는 유혹에 빠져 있습니다. 그런 학교는 기대하지 않은 사건들로부터 혜택을 얻고, 예상치 않은 문제와 이해관심을 이용합니다. 그러나 만약 그 학교가 학교의 [교육]과정을 즉흥적으로 정한다면, 결과적으로 변덕스럽고 지속되지 않는 움직임이 나타나게 될 것입니다. 그리고 이는 교육적인 내용에 어떤 중요한 공헌을 할 가능성에 반하는 것입니다. 사건은 순간적으로 발생하지만 그 사건을 활용하는 것은 순간적이거나 일시적인 것이 아닙니다. 그러한 사건들은 사건을 구성하는 부분들 속에서 지속성과 일관성을 가지기 때문에, 우리는 그것들을 하나의 전체, 즉 발전하고 있는 전체 내용과 목적의 영역으로 가져와야 합니다. 모든 학교가 채택해야 하는 하나의 교과 내용은 없습니다. 그러나 모든 학교에는 성장과 정식화(formulation)를 거친 유의미한 교과 내용이 있어야 합니다.

한 가지 사례가 제 말이 무엇을 의미하는지 더욱 분명하게 해 줄 것입니다. 진보적인 학교는 개별성(individuality)을 중시하는데, 때때로 질서정연하게 조직화된 교과 내용이 개별적인 특성을 가진 학생들의 요구와 맞지 않는다고 생각하는 것 같습니다. 그러나 개별성은 한 번에 전부 생겨나거나 이미 만들어진 것이 아니라, 지금도 발전하는 중이고 앞으로도 지속적으로 획득해야 할 것입니다. 개별성은 오직 삶의 역사(life-history) 속에서, 지속적인 성장과정에서만 발견할 수 있습니다. 말하자면, 개별성은 하나의 생애이며, 단지 삶의 특정한 단면에서 발견할 수 있는 하나의 사실이 아니라는 것입니다.

교사들이 아이들의 특이한 점, 좋아하는 것과 싫어하는 것,

취약점과 실패를 걱정하면서 개별 아동에게 지나칠 정도로 관심을 갖게 되어 진정한 개별성을 인식하지 못하고, 실제로 개별성에 어떤 도움도 되지 않는 방법을 택하는 것은 충분히 있을 수 있는 일입니다. 아동의 개별성은 특정한 순간에 아동이 하고 있는 일이나 의식적으로 좋아하는 것에서 발견할 수 없습니다. 우리는 오직 아동이 하는 행동이 서로 연관되어 진행되는 과정 속에서만 개별성을 발견할 수 있습니다. 그리고 아동이 오래 계속하는 활동의 끝(close)까지 가야만 아동의 진정한 욕구와 목적을 의식할 수 있습니다. 결론적으로 말하자면, 계속되는 일(occupation)이나 기획(project)의 통일 속에서 결합되는, 연속적이고 지속적인 행동의 진행과정을 통해 조직된 교과 내용만이 진정한 개별성에 부합한다는 것입니다. 따라서 지금까지 해왔던 것들은 개별성의 원칙에 맞지 않는 조직입니다.

그러므로 때때로 개별 아동에 관해 생각하느라 쓰는 에너지 중 많은 부분을 가치 있는 활동을 찾아내고, 그러한 활동이 수행될 수 있는 조건을 준비하는 데 사용하는 것이 더 나을 수도 있습니다. 아이가 연속적인 일에 참여할 때, 그런 일이 가치 있는 교과 내용을 포함하는 만큼 아이의 개별성이 자연스럽게 실현되거나 증진됩니다. 아이는 교과 내용을 포함하고 전달하는 조건들과의 단절 속에서가 아니라, 그런 조건들과의 상호작용을 통해 자신이 하고 있는 것 속에서 스스로를 발견하고 발전시켜 나갑니다.

게다가 교사는 직접적으로 재촉하거나 단순히 단면적인 관찰을 많이 할 때가 아니라, 그러한 연속적인 활동들이 진행되는 과정 내내 제자를 관찰함으로써 그 학생의 진정한 필요, 욕구, 이해관심, 역량, 취약한 부분에 관해 훨씬 많이 알아낼 수 있습니다. 반대로 서로 관련이 없는 연속적인 활동에 아동을 참여시키면 우리가 관찰하는 모든 것은 필연적으로 단면적인 것이 됩니다.

물론 관련이 없는 활동들의 연속은 조직화된 교과 내용을 형성할 기회나 내용물을 제공하지 않고, 일관적이고 통합된 자아의 발달에도 도움이 되지 않습니다. 아무리 활동적이라도 무의미한 (bare) 행동만으로는 충분하지 않습니다. 물론 활동이나 기획은 학생들의 경험의 범위 내에서 이루어져야 하며, 학생들이 필요로 하는 것과 연결되어 있어야 합니다. 학생들이 필요로 하는 것은 그들이 의식적으로 표현할 수 있는 선호나 욕구 같은 것과는 거리가 아주 멉니다. [활동이 학생들의 경험 및 필요와 연관되어 있어야 한다는] 이러한 소극적인 조건이 만족되면, 어떤 기획이 훌륭한지를 확인하는 방법은 그 기획이 서로 다른 아이들의 다양한 반응을 끌어내기에 충분히 풍부하고 복합적인지를 살펴보는 것입니다. 그리고 학생들 각자가 자신의 특성에 맞게 기획을 계속하고 그에 기여할 수 있도록 해주는지 아닌지를 살펴보는 것입니다.

교육적으로 말해, 훌륭한 활동인지 아닌지 알아보는 더 나아간 검사 방법이나 표시는, 그 활동 속에 일련의 시도와 탐험들이 포함되며 각각의 단계가 새로운 장(field)을 열고, 새로운 문제를 제기하며 더 심화된 지식에 대한 요구를 불러일으키는지를 확인해 보는 것입니다. 그리고 완수한 활동과 이를 통해 획득한 지식을 토대로 다음에 할 것을 제안할 수 있도록 그러한 활동들이 충분히 긴 기간을 가지고 이루어지는지를 살펴보는 것입니다. 이러한 두 가지 조건을 만족하는 직업적 활동들은 알려져 있는 교과 내용을 반드시 모아줄 뿐만 아니라 그러한 교과 내용의 조직화도 가능하게 할 것입니다. 그러한 활동은 관련이 있는 사실과 원칙을 질서 정연하게 수집하고 체계화하지 않고서는 계속 수행될 수 없습니다. 지금까지 이야기한 것은 지식을 체계적으로 조직하는 것이 진보주의 교육의 원칙에 반대되지 않는다는 것입니다. [오히려] 그렇게 조직하려고 애쓰지 않는다면 진보주의 교육은 제 기능을 수행할 수 없습니다.

아마 한 가지 과장된 사례가 핵심을 명확히 해줄 것입니다. 학생들이 풍부한 물질, 장치, 모든 종류의 도구로 둘러싸여 있는 학교가 있다고 가정해 봅시다. 교사는 학생들에게 단순히 "오늘은 무엇을 해야 할까?"라고 질문하고, [학생들이 대답하면] "즉시 그것을 시작하도록 해"라고 말하며 학생들의 활동에 관여하지 않고 신경도 쓰지 않는다고 가정해 봅시다. 학생들은 무엇을 할까요? 아이들이 순간적인 충동이나 이해관심을 표현하고 소진해 버리는 것 이상의 무언가를 한다고 보장할 수 있습니까? 여러분은 그러한 가정이 사실과 맞지 않는다고 말할 수도 있습니다. 그러나 그 반대의 원칙이 함축하는 것은 무엇입니까? 그 사례에 함축된 원칙으로부터 벗어날 때 우리는 어디에서 멈출 수 있습니까?

당연히 행동의 출발점, 최초의 움직임과 충동은 학생들로부터 나와야만 합니다. 이것은 진보적인 학교에서뿐만 아니라 전통적인 학교에서도 진리입니다. 여러분은 말을 물가에 끌고 갈 수는 있지만, 말이 물을 마시게 할 수는 없기 때문입니다. 그러나 무엇을 할 것인가에 대한 학생의 생각은 어디에서 생겨납니까? 그것은 학생이 이미 듣거나 보았던 것으로부터, 또는 다른 아이들이 하는 것을 보았던 것으로부터 생겨납니다. 그리고 그러한 생각은 자신의 너머로부터, 자신을 둘러싸고 있는 환경으로부터 제안받은 것입니다. 학생은 생각과 목적을 창시하는 사람이 아니라, 자신에게 어떤 것을 제시해 주는, 자신을 둘러싼 과거와 현재의 주변 환경을 통해 어떤 것을 전달하는 존재(vehicle)이기 때문입니다.

환경으로부터 받은 제안들은 곧 사라지는 우연적인 아이디어가 되기 쉽습니다. 저는 아동이 풍부하고 지속적으로 전개되는 활동을 할 때, 이전에 그에게 어떤 의문을 남겨준 활동에 참여했기 때문에 그는 하던 일을 완수하기 위해 더 멀리까지 증명하기를 원할 것입니다. 그렇지 않다면, 아동은 우연한 제안에 휘둘리게 되며, 우연한 제안은 유의미하거나 유익한 것이 되기 어렵습니다.

줄곧 이렇게 외면적인 형식(form)에 주목하는 것은, 교사가 더 성숙하고 풍부한 경험을 가지고 있으며, 제시된 기획에서 지속적인 발전의 가능성을 발견하는 데 훌륭한 통찰력을 갖는 집단의 구성원으로서 교사는 활동의 노선(lines)을 제시해야 할 의무와 권리가 있다는 것을 보여주기 위해서입니다. 그리고 교사가 교과만이 아니라 아이들에 대해서도 알고 있다면 어른이 [아이에게 무언가를] 부과하는 것에 대해 어떤 두려움도 가질 필요가 없다는 것, 그리고 이 사실을 드러내는 과정에서 교과의 중요성이 사라지지 않는다는 것을 보여주기 위해서입니다. 교과들의 기본적인 목적은 진보적인 학교들이 진보적임에도 불구하고가 아니라 진보적이기 때문에 교과 내용을 질서 있게 발전시키면서도 상호연관성을 가진 기획을 찾을 필요가 있다는 것을 보여주는 것입니다. 왜냐하면 그렇지 않을 경우 복잡하고 장기적인 일(undertaking)이란 있을 수 없기 때문입니다.

[교과 내용을 질서 있게 발전시키면서도 상호연관성이 있는 기획을 찾는] 그러한 기회와 필요성은 책임을 부과합니다. 진보적인 교사들은 시련과 비판에 맞서 다른 교사들에게 분명하고 체계적으로 조직된 지식의 조직체를 산출하여 제시할 수 있습니다. 또한 그와 동일한 종류의 추가적인 정보를 확보할 수 있는 자원의 목록도 함께 제시할 수 있습니다.

만약 그와 같은 지식의 조직체를 제시하는 것이 전통적인 학교의 표준화된 교재와 어떻게 다르냐고 묻는다면, 대답은 쉽습니다. 첫째, 그러한 학습 자료는 학생들이 스스로 했던 직업적(occupational) 활동들이나 장기간의 행동과정과 관련되며 그것들로부터 생겨납니다. 둘째, 제시된 학습 자료는 다른 선생님들과 학생들이 그대로 따라 할 수 있는 어떤 것이 아니라, 이런저런 활동과정의 지적인 가능성들을 나타냅니다. 이는 활동과정과 관련하여 제시된 문제들, 그러한 문제에 답을 하는 데 유용한 것으로 밝혀진 정보, 그리고 어디에서 그런 지식을 얻을 수 있는지 신중하게 방향을 제시하면서 관찰된 경험을 토대로 진술하는 것을 의미합니다. 어떤 두 번째 경험도 첫 번째 경험의 진행과정을 정확히 똑같이 따라 하지는 않을 것입니다. 그러나 이런 종류의 학습 자료를 제시하는 것은, 똑같은 일반적인 유형의 기획을 다시 할 때 발생할 수 있는 특별한 위기상황과 필요(need)를 처리함에 있어서 교사가 자유롭게 활동할 수 있게 해주고, 활동의 방향을 안내하기 위해서입니다. 그렇게 하면 더 발전된 자료가 추가되고, 관련된 교과 내용으로 이루어진 크고 자유로운 조직체가 점점 증가하게 될 것입니다.

수많은 주제를 대략적으로 언급했기 때문에, 마무리 부분에서 요약하는 것이 좋겠습니다. 사실, 앞의 논의에서는 진보적인 학교가 그들의 고유한 절차에 부합하는 유형의 교육과학을 만들 수 있다는 것과 관련하여, 적어도 두 가지 기여하는 바를 끌어내려고 노력했습니다. 하나는 방금 이야기했던 조직화된 교과 내용을 개발하는 것입니다. 그리고 다른 하나는 학습에 유리한 조건들에 대해 연구하는 것입니다. 이미 말했던 것처럼, 진보적인 학교는 그 자체로 목적은 아니지만 기회가 될 수 있는 특성을 가지고 있습니다. 이러한 특성들은 학습(learning)을 위한, 즉 지식을 획득하고, 특정한 방식의 기술이나 기법들을 완전히 숙달하고, 사회적으로 바람직한 태도와 습관을 익히기 위한—제가 생각하는 학습의 세 가지 주된 측면들—기회가 됩니다. 현재 전통적인 학교에서 이런 일반적인 주제에 기여한 것은 주로 교수법(method of teaching)과 관련이 있습니다. 설령 그 이상 기여했다고 해도, 학생들이 학습의 방법을 채택하도록 하는 정도일 뿐입니다.

그러나 진보주의 교육의 관점에서 본다면, 방법의 문제는 아직 거의 손대지 않은 새로운 형식을 취합니다. 그것은 더 이상 교사가 어떻게 지도할 것인가, 또는 학생이 어떻게 학습할 것인가의 문제가 아닙니다. 문제는 학습과 배움이 자연스럽게, 필연적으로 일어나기 위해서는 어떤 조건들이 달성되어야 하는지를 발견하는 것입니다. 그리고 그 결과, 학생들이 반드시 배워야 하는 반응들을 할 수 있도록 하려면 주어져야 하는 조건이 무엇인지 찾는 것입니다. 학생들의 정신은 더 이상 학문이나 학습에 있어야 할 것이 아닙니다. 정신은 그 상황이 요구하는 것을 하는 데 가 있어야 하는 한편 배움은 그 결과로서 나타납니다. 한편, 교사에게 있어 방법의 문제는 학생들이 스스로 배울 수 있는 활동이나 학습을 불러일으키는 조건을 알아내고, 그런 활동의 결과로서 학습이 이루어질 수 있도록 학생들의 활동에 협력하는 것입니다.

실제 사례 속에서 경험이 학습에 유리할 수 있음을 보여주는 조건들과 불리할 수 있음을 보여주는 조건들에 대한 주의 깊은 연구보고서가 지속적으로 증가하고 있는데, 저는 이것이 방법이라는 전체 주제를 근본적으로 바꿀 것이라고 생각합니다. 그것은 복잡하고 어려운 문제입니다. 방금 말한 것처럼, 학습은 최소한 세 가지 요소, 즉 지식, 기능, 품성이라는 요소를 포함하고 있기 때문입니다. 아이들은 이 각각의 요소들을 배워야만 합니다. 어떤 사례의 전체적인 상황을 보고 그로부터 정확히 어떤 요소들이 학습의 우연적인[3] 조건들인지, 어떤 것들이 영향력이 있는지, 어떤 것들이 부수적이거나 관련이 없는 것인지 선별하려면 판단력과 기술(art)이 필요합니다. 성공뿐만 아니라 실패에 대해서도 되짚어보고, 달성한 성공의 상대적인 정도를 평가하기 위해서는 공평함과 진실함이 필요합니다. 그리고 학습에서 진전이 이루어지고

---

3) [역주] 원문에는 casual(우연한)이라고 적혀 있었는데, 페이지 하단에 편집자가 causal(인과관계의)이라고 써야 할 것이 혹시 오타가 아니었나 하는 의문 표시를 해두었다. 해당 문장은 '우연한'이라는 표현을 사용하면 '학습이 이루어지는 우연적인 조건은 어떤 요소들인지…'로 이해될 수 있고, '인과관계의'라는 표현을 사용하면 '학습이 이루어지는 인과적인 조건은 어떤 요소들인지…'로 이해될 수 있다. 어떤 단어를 사용해도 해당 문단의 맥락을 이해하는 데 큰 문제는 없다고 생각한다. 하지만 앞의 내용에서 듀이가 우연히 아이들의 관심을 끌고 우연히 학습이 이루어지게 하는 것을 경계할 것을 강조하고 있으므로 원문대로 해석해도 큰 무리는 없을 것 같아서 원문에 적힌 대로 번역했다.

있음을 나타내는 표시를 알아채고, 그러한 진전의 원인까지도 알아내기 위해서는 훈련된 정확한 관찰이 요구됩니다. 즉, [IQ검사처럼] 기계적으로 적용된 검사의 결과를 알아차리기 위해 필요한 것보다 훨씬 더 고도로 숙련된 종류의 관찰을 요구합니다. 앞으로 교육과학의 진보는 바로 이런 종류의 자료를 체계적으로 축적하는 것에 달려 있습니다.

학습이 일어나는 원인을 찾는 문제를 해결하는 것은 끝없는 과정입니다. 그러나 [누군가 그 과정을 향해] 첫 걸음을 내딛을 때까지는 그 해결책에 있어서 어떤 진전도 이루어지지 않을 것입니다. 그리고 더욱 자유롭고 실험적인 특성을 가진 진보적인 학교들은 그 문제에 있어서 당당히 출발을 해야 할 책임이 있습니다.

제가 진보주의 교육과 교육과학의 발전이 어떤 관계가 있는가라는 한 가지 주제에 대하여 분명하게 제한된 논의를 해왔다는 것을 여러분에게 상기시킬 필요는 없을 것 같습니다. 질문으로 시작했던 것처럼, 한 가지 질문으로 끝을 맺겠습니다. 진보주의 교육운동이 충분히 확립되어 교육이라는, 인간의 모든 예술 중에서 가장 어렵고 가장 중요한 예술에 진보주의 운동이 할 수 있는 지적인 공헌에 대해 고찰해도 좋을 때가 바로 지금이 아닙니까?

엘시 리플리 클랩[1]이 쓴
『교육에서 자원의 이용』[2]에 대한
존 듀이의 소개글

교육에 대한 듀이의 마지막 출판물은 컬럼비아 대학교 사범대학에서 한 교육철학 강의를 들었던 예전 학생들과 조교들이 쓴 책을 소개하는 글이다. 존 듀이 소사이어티(The John Dewey Society)[3]를 위해 출판된 그 책은 캔터

---

1) [역주] 엘시 리플리 클랩(Elsie Ripley Clapp 1879~1965) : 미국의 진보주의 교육학자. 컬럼비아 대학교에서 평생의 스승이자 동료인 존 듀이를 만나 진보주의 교육에 대한 생각을 공유했다. 그녀는 교육이 성공하기 위해 가장 중요한 것은 학교와 지역 사회의 연계와 협력이라고 믿었다. 그녀는 지역사회가 민주주의를 위한 출발점이라는 듀이의 생각을 따랐으며, 학교를 사회적 기관이라고 보고 학생들을 전통적인 등급 분류 방식이 아니라 이해관심 집단(interest group)으로 분류하여 지도하는 등 많은 부분에서 듀이의 영향을 받았다. 대표적인 저서로는 『Community schools in action』, 『The use of resources in education』 등이 있다.
2) [원주] New York : Harper & Brothers, 1952, copyright 1952 by Elsie Ripley Clapp. 서문은 Harper & Brothers의 허락하에 다시 출판되었다.
3) [역주] The John Dewey Society는 1935년에 만들어졌으며, 교육의 주요 문제를 해결하고자 노력하는 과성에서 비판적이고 반성적인 지성의 사용을 강조했던 존 듀이의 헌신을 기리며, 그 정신을 이어가고자 한다. 존 듀이의 정신을 지지하며, 논쟁을 반기고, 반대의견을 존중한다. 또한 교육자에게 특별한 관심사가 되는 쟁점들에 대한 책임감 있는 토론을 장려하며, 민주주의, 교육, 철학에 대한 듀이의 영향력 있는 생각들에 대한 개방적이고, 비판적인 재고를 촉진

키와 웨스트 버지니아에 있는 두 개의 지역 공립학교에 초점을 둔 것으로, '교육에 있어서 아동과 그의 가족들이 살아가면서 일상적으로 사용하는 자원의 이용과 개발에 대한 이야기'이다. 듀이는 이 글을 반세기 동안 이루어졌던 진보주의 교육 운동과 자신과의 결합(association)을 재검토하는 기회로 삼았다. 생애 마지막 무렵, 듀이는 진보적인 아이디어에 대해 자신이 품었던 희망을 떠올리면서 이 글에서 지금까지 진보주의 운동이 해왔던 것에 대한 깊은 실망과 진보주의 운동이 앞으로 어떻게 될 것인가에 대한 슬픈 염려를 드러냈다.

    클랩이 했던 두 가지 중요한 교육적 실험에 대한 이야기를 소개하는 방식으로 소개글을 써달라는 존 듀이 소사이어티의 초청은 영광스러우면서도 한편으로는 당혹스럽다. 그러한 교육적 실험들을 시작하는 데 있어 큰 책임이 있는 한 사람으로서, 여기 발표된 획기적인 교육적 기획에 간접적으로나마 연관되어 있다는 것은 영광이다. 그러나 클랩이 무엇을 어떻게 해왔는지 실천적인 단계에 대하여 충분하고 설득력 있게 설명했을 뿐만 아니라, 그러한 기획의 이론적인 내용과 의미, 목적, 주요 원칙들, 그것이 구현하는 교육 철학에 대해 명확하고 이해하기 쉽게 설명을 해주었기 때문에 이러한 초대는 당황스럽다. 만약 내가 실제로 행해진 교육적 작업을 설명하는 맥락에서 클랩이 매우 효과적으로 이야기했던 기본적인 생각들을 다시 이야기하여 독자들의 마음을 사

한다.

로잡으려고 한다면, 이는 전적으로 불필요한 일일 것이다.

그러나 이 책에서 서술되고 해석된 작업이 하나의 부분을 이루는, 전체적인 교육 운동에 대하여 어떤 이야기를 하는 것은 조금도 불필요하지 않을 것 같다는 생각이 든다. 그리고 그 운동에서 가장 가치 있는 것이 무엇인지에 대한 나의 소견을 구체적인 예를 통해 보여줄 수 있는 기회가 되기 때문에, 내게는 그렇게 하는 것이 더욱 적절한 것처럼 보인다.

교육의 이론과 실천에 반세기 이상 참여하는 과정에서, 나는 일반적으로 '진보주의 교육', '신(新)교육', '현대적 교육' 등으로 알려진 것에서 많은 성공과 실패를 목격해 왔다. 이것들은 명칭은 제각각이지만, 교육 시스템을 개선하려는 일반적인 목적을 가진다는 점에서 공통적이고, 생각, 원칙, 정책, 프로그램 등 많은 구체적인 측면에서는 서로 다른 다양한 움직임을 포괄한다. 교육 문제에 대한 공적인 논의를 할 때 발생하는 혼란은 '신(新)교육' 대신 '진보주의 교육'이라는 용어를 사용한다고 해서, 또는 그 반대로 사용한다고 해서 생겨나는 것이 아니다. 혼란이 발생하는 이유는 마치 그러한 명칭들을 단 하나의 실체(entity)를 나타내는 적절한 이름인 것처럼 사용하기 때문이다.

여기는 용어학상의 문제를 논할 자리가 아니다. 그러나 내가 공통된 이름으로서, 즉 교육의 이론과 실천을 개선하기 위한 노력들과 다양한 운동 전체를 언급하는 편리한 언어적 수단으로서 '진보주의 교육'과 '진보주의 교육 운동'이라는 명칭을 사용할 것이라는 점을 언급하는 것이 적절할 것이다.

지난 몇 년 동안, 진보주의 교육의 업적에 대한 조직화된 공격들이 그 어느 때보다도 더욱 광범위해지고 심해졌다. 교육에 있어서 시계를 뒤로 되돌리려고 노력하는 것은 놀라게 하려는 것이 아니라 [현재 이루어지고 있는 진보주의 교육에 대해] 경고를 하려는 것이다. 교육 시스템은 공동의(common) 삶의 부분이며, 따라서 학교 건물 바깥에 널리 퍼져 있는 조건들로부터 생겨나는 결과들을 피할 수 없다. 그러므로 모든 경제적·사회적·정치적 제도 속에서 억압적이고 반동적인 힘이 강해질 때, 학교가 자유로워지는 것을 기대하는 것은 어리석은 생각이다.

똑같은 근거에서, 진보주의 교육 운동이 전부 교사들이 스스로 생각해 내고 성공시키는 것이라고 생각하는 것은 어리석다. 진보주의 교육 운동은 지적인 측면에서는 19세기 후반의 생물학, 심리학, 사회과학에서 인간 지식의 진보를 위해 커다란 공헌을 했던, 자연과 성장의 문제에 대한 탐구하는 사상(thought)[4]의 더 큰 움직임의 일부분이었다. 그리고 진보주의 교육 운동은 사회적인 측면에서는 삶의 억압적인 양식에 대한 속박으로부터 개인과 제도를 자유롭게 만들려는 광범위한 노력의 일부분이었다. 지적이고 사회적인 공동체 내에서 진보적이고 계몽시키는 힘이 뒷받침되지 않았다면, 새로운 비전을 가진 교사들은 아놀드(Arnold)가 셸리(Shelley)를 두고 평한 것처럼 기껏해야 그 시대가 낳은 무능한 천사가 되었을 것이다.[5] 그리고 그러한 교사들이 가지고

---

4) [역주] 진화론을 의미한다.
5) [역주] 셸리(percy bysshe shelley)는 바이런과 함께 영국 낭만주의를 대표하는 시인이다. 그는 전형적인 서정 시인으로 주로 이상적인 사랑과 자유에 대한 동경을 노래했다. 그러나 가장 인기 있는 시인 중 한 사람이었음에도 불구하고 그의 시는 현실감각이 없다는 비판을 많이 받는다. 영국의 교육자이자 시인

있던 모든 최선의 계획과 생각들은 교육 시스템에 거의 영향을 미치지 못했거나, 아니면 전혀 영향을 미치지 못했을 것이다.

진보주의 교육 운동이 가장 광범위하고 뚜렷하게 성공한 곳에서는 학교 교실의 생활 조건에 중요한 변화가 일어났다. 성장하는 한 인간이 필요로 하는 것에 대한 커다란 자각이 있었고, 교사와 학생 간의 사적인 관계가 눈에 띌 정도로 인간적이고 민주적으로 바뀌었다. 그러나 이러한 측면에서의 성공은 아직까지 제한적이다. 그러한 성공은 주로 분위기만 그러할 뿐 아직 교육 제도의 근간까지 스며들지는 않았다. 진보주의 교육이 시작되기 전 전통적인 교육 시스템을 위해 설정된 기준이었던, 두려움과 억압 — 물리적·사회적·지적 두려움과 억압 — 을 사용하는 교육 방법의 낡은 징후는 일반적으로는 사라졌다. 그러나 그러한 거대한 징후의 바탕이 되는 기본적인 태도들은 많은 영역에서 여전히 근절되어야 할 것으로 남아 있다.

전통적인 교육의 근본적인 권위주의는 다양하게 변경된 형태로 지속된다. 교사와 학생들이 민주적으로 참여하는 협동적인 기획에 대한 많은 이야기가 있지만, 그것을 실제로 하기보다는 그것에 관한 말이 훨씬 더 많다. 확실히 많은 교사, 특히 유치원과 초등학교의 교사들은 "매를 아끼면 아이를 망친다."는 격언에 담겨

인 매튜 아놀드(Matthew Arnold)도 그런 점을 비판했는데, 특히 그는 셸리를 "허공에 빈 날갯짓을 하는 천사"라고 표현했다. 이 글에서 듀이는 진보주의 교육 운동이 개별 교사들의 노력과 능력만으로 이루어지는 것이 아니므로, 진보주의 교육 운동을 뒷받침해 주는 사회적인 힘들이 없다면 그 교사들은 좋은 의도를 가지고 있지만 현실적으로 아무것도 할 수 없는 무능한 천사가 될 것이라고 지적하고 있다.

있는 생각이 교육적 지혜를 최고로 달성하는 것이라 여기는 전통적인 시스템 속에서, 있을 수 없고 상상할 수도 없을 정도로 그들이 공유하고 있는 것을 아이들로 하여금 받아들이도록 한다.

그러나 중등학교와 칼리지에서는 교사들 입장에서 그들이 가르치는 사람들의 필요와 관심에 대해 많은 공유가 이루어지지 않고 있다. 물론 교실의 크기, 작업량 등 여전히 학교에 널리 퍼져 있는 조건들은 진정으로 협동적이고 민주적인 방식으로 교육적 과정이 수행되는 것을 어렵게 한다.

그러나 이러한 조건들이 교육에서의 민주주의가 실패하게 된 유일한 원인은 아니다. 그것은, 이런 개탄스러운 조건들이 존재하지 않는 '진보적인' 학교들의 교육에서도 종종 실천보다 교육과정상의 다양한 교과목이 학교 운영에 있어 더 많은 담론의 주제라는 사실만 봐도 분명히 알 수 있다. 교육의 과정을 진정으로 공유하는 것, 교사와 학생 모두가 대등한 존재이자 배우는 사람으로서 참여하는, 진정으로 협동적인 교변작용(transaction)이 무엇을 의미하는지는 클랩이 기술했던 사례들에서 증명되었다. 이 책에서 독자들이 발견할 풍부한 예증에 덧붙여 내가 이 점에 대해 추가로 말할 수 있는 것은 아무것도 없다.

우리는 흔히 현재 진보를 이루고 있는 중이 아니라면, 어떤 교육도 진보적이지 않다고 생각하지만, 불행하게도 그것은 사실이 아니다. [만약 그런 식으로 생각한다면] 지금은 우리가 직면하는 문제들을 낳는 요인이지만, 과거의 어떤 때에는 더 나은 것을 위한 변화를 나타냈던 생각, 원칙, 관습, 습관이나 제도에 따라 살아가려고 노력하는 것이 결과적으로 가장 반동적인 것이 될 것이기 때문이다.

　바람직한 목적을 실현하기 위해 특정한 변화가 이루어진다는 사실은 이전과 이후의 삶의 조건들이 다르다는 것을 의미한다. [더 바람직한 목적이나 이상과 같은] 그런 좋은 것을 달성하는 과정에서 어떤 새로운 상황이 만들어진다. 삶의 조건들이 새롭게 만들어지면 그것들 고유의 뚜렷한 특성과 문제가 나타난다. 더 이상 존재하지 않는 과거의 상황에 좋았던 어떤 것에 맹목적으로 집착하는 것은 현재의 요구를 인식하지 못하게 한다. 또한 그러한 현재의 요구들이 만들어낼 바람직한 결과를 볼 수 없게 한다. 에머슨(Emerson)[6]이 지적한 것처럼, 이미 달성된 선(the attained good)은 그보다 더 나은 것의 적(enemy)이 되는 경향이 있다.

　다른 문제들을 해결하기 위해 개발된 생각과 원칙을 똑같이 적용하는 것으로는 새로운 문제들을 현명하게 해결할 수 없다. 새로운 문제들은 새로운 목적과 결과를 비춰볼 수 있는 지적인 해결책을 요구한다. 그리고 새로운 목적은 새로운 수단과 방법들의 개발을 필요로 한다. 물론, 모든 경우에 있어서 '새로운' 것은 절대적으로 새로운 것이 아니라 상대적으로 새로운 것이다. 설령 절대적으로 새로운 어떤 것이 바람직하고, 일부 사람들이 자신들이 절대적으로 새로운 어떤 것을 알고 있다는 착각에 빠질 수 있다 할지라도, 문화와 경험에서의 지속성이 이러한 절대적 성격을 가진 것

---

6) [역주] 랄프 왈도 에머슨(1803~1882) : 미국 사상가 겸 시인, 철학자로 19세기 미국의 가장 영향력 있는 작가였다. 자연과 인간의 조화를 중시했으며, 데이비드 소로우와 함께 미국을 대표하는 자연주의 사상가로 알려져 있다. 그는 외부가 아니라 자기 안에서 스스로의 힘을 발견하고, 자아의 소리와 진리를 깨달을 것을 추구했으며, 주요 저서로 『자연론』이 있다.

이 나타날 가능성을 차단한다. 그러므로 [일부 사람들이 진보주의 교육에 대해 비판하듯이] 과거로부터 물려받은 모든 관계와 연결고리를 끊어버리기 때문에 위험하다는 것은 터무니없는 주장이다. 진짜 위험한 것은 새로워질 것을 요구하지만 단지 옛것을 변장시킨 것에 불과한 방식으로 과거가 영속되는 것이다.

방금 이야기한 것은 인간의 노력과 진보의 다른 모든 영역에서처럼 진보주의 교육 운동의 역사 속에서도 증명된다. 그것은 더 이상 교사 혼자만의 탓으로 돌릴 수 없는, 진보주의 교육 운동에서의 실패를 설명해 준다. 오랫동안 확고하게 굳어진 개인의 습관을 바꾸는 것은 오랜 시간이 걸리는 어렵고 복잡한 과정이다. 오랜 시간 확립되어 있는 제도들, 공동의 삶의 구조 속에 조직화되어 있는 사회적 습관들을 바꾸는 것은 더 오랜 시간이 걸리며, 훨씬 어렵고, 복잡한 과정이다. 아마도 이미 확립되어 있는 제도들의 힘(drive)이 그러한 기존의 제도들에 순응하도록 새로운 것을 동화시키거나 왜곡할 것이기 때문이다.

교육 제도 내에 존재하는 이러한 힘(drive)이나 경향성은, 내가 그 발전에 일조했던 교육철학의 생각이나 원칙들을 가르치고 있는 방식에서 가장 확연하게 드러난다. 그 방식들은 반세기가 더 넘은 지금까지도 여전하다. 사범 대학을 비롯한 다양한 곳에서, 그러한 생각과 원칙은 이미 만들어진 규칙으로 이루어진 확고한 교과 내용으로 전환되었다. 그리고 표준화된 특정한 절차에 따라 가르치고 암기되어왔다. [또한 그러한 생각과 원칙들을] 외부적으로 교육문제에 적용해야 할 경우가 생길 때, 예를 들면 겨자 연고를[7] 바르는 방식으로 적용되었다.

즉, 여러 세기 동안 제도화되고 영속화된 '학습(learning)'의 습관은, 학습이 성장의 방법이라는 것을 분명하게 강조하는 생각과 원칙으로 자신의 이미지를 변형시키려고 시도한다. 그리고 교육의 과정이 한 벌의 도구를 획득하는 것으로 이루어지는 것이 아니라, 결코 확고한 해결책이 될 수는 없다 해도 새로운 문제에 대한 지적인 해결책이나 부분적으로만 해결된 오래된 문제들에 대한 더욱 적절한 해결책을 찾기 위해 지속적으로 발전해야 하는, 인간의 성장을 위한 학습 수단과 방법의 과정이라는 것을 강조하는 생각과 원칙들로 자신의 이미지를 바꾸려고 한다.

가장 일반적인 철학적 관점에서 고려해 볼 때, 수단과 방법을 고정되어 있고 변하지 않는 자기충족적인 교과 내용으로 전환하는 것 — 또는 왜곡하는 것(perversion) — 은 생각의 질이 타고난 것이고, 영속적이며, 불변하는 본질이라는 전통적인 관념의 힘과 영속성 때문이다. 이러한 이론에서는, 진보주의 교육의 원칙들(그것들이 어떤 종류의 것이든)은 '본래적으로 진보적인' 것이 된다. 그리고 그런 원칙들을 암송할 수 있는 모든 사람은 진보주의 교육 원칙을 암송할 수 있다는 바로 그 사실 때문에 '진보적인' 교사가 된다.

올바른 원칙을 잘못된 방법으로 교사에게 가르치는 것은 어쩌면 내용과 방법 둘 다 잘못된 방식으로 교사를 훈련시키는 것에

---

7) [역주] 옛날 우리 선조들이 상처 부위에 된장을 바른 것처럼, 서양에서도 과거에 통증 부위에 겨자가루로 만든 연고제를 바르는 전통이 있었던 것 같다. 이 부분에서 듀이가 '겨자 연고를 바르는 방식'이라고 쓴 것은, 자신이 만든 교육적인 아이디어와 원칙들이 실제 교육 문제에 적용될 때 잘못된 방식으로, 또는 옛날 방식으로 적용되고 있음을 비유적으로 표현한 것으로 보인다.

비해 진보된 것이라고 이야기할 수도 있을 것이다. 그러나 그것은 대단한 진보는 아니다. 왜냐하면 훈련의 **방법**이 ─ 학교 내에서나 밖에서나 ─ 훈련받는 사람의 품성(character)을 형성하기 때문이다. 물론 사범 대학에서 이루어지는 교사-훈련의 **방법**이 미래에 교사의 품성을 결정하는 유일한 요인은 아니다. 그러나 훈련의 방법이 성공적인 경우 그것은 교사로서의 품성을 형성하게 된다. 그리고 교사들의 도덕적 발달에 중요한 결정요인이 된다.

올바른 원칙들을 잘못된 방식으로 훈련시키는 것은 교사의 도덕적 훈련과 지적 훈련 간에 분열이 생김을 의미한다. 그리고 교사들이 암송하도록 배우는 원칙들은 말로만 하는 겉치레가 된다. 교사들이 받는 훈련이 효과적이면 효과적일수록, 그리고 훈련 이후의 경험에 의해 교사 훈련 방식이 (더 낫게든 더 나쁘게든) 수정될 때까지, 교사들은 교육이론의 한 교과로서 가르침에 관해 배운 원칙대로 가르치는 것이 아니라 실제 그들이 배운 방법으로 가르치게 될 것이다.

다시 한번 가장 일반적인 철학적 관점에서 이야기하자면, 교육과 학교 운영에 있어서 이러한 권위주의적인 원칙들로부터 생겨나는 결과는, 생각의 질은 타고난 본질이라고 여기는 전통적인 관념들이 널리 퍼져 있는 한 실질적으로 근절되지 않을 것이다. 이러한 관념이나 교설(doctrine)로부터 교사 교육은 확고하고 불변하는 특정한 교과 내용을 모아서 교사에게 전달하는 것이라는 생각이 생겨나기 때문이다. 그리고 교사들은 다시 그들의 학생들에게 그렇게 배운 교과 내용을 전달할 것이다. 그 결과 교육적 통치 방식은 맨 위에 있는 권위자가 맨 아래에 있는 수용자에게 그들이 받아들여야만 할 것을 전달해 주는 식으로 이루어진다. 이것은 교육이 아니라 교화(indoctrination)이며 선전(propaganda)이다. 그리고 전체주의적인 사회의 토대에 적합한 '교육'의 유형이며, 그렇기 때문에 민주적인 사회의 토대를 멸망시키고, 타락시키며, 파괴하는 데 적합하다.

민주적인 사회를 만들기 위해서는 이론뿐 아니라 실천에 있어서도 자유롭고 독립적인 인간이 탐구에 참여하고, 탐구한 내용을 서로 주고받는 과정에서 도덕적·지적 발달이 이루어지는 교육 시스템이 필요하다. 그러한 협동적인 탐구에 참여하는 인간은 과거의 생각과 유산을 [불변하는 것이 아니라] 질적으로나 양적으로나 더 나은 삶의 풍요로움을 위한 수단과 방법으로 다룬다. 그리고 이미 달성된 선(good)을 더 나은 무언가를 발견하고 확립하는 데 사용한다.

그런데 진보주의 교육 운동이 이룩한 좋은 점과 앞으로 달성해야 할 더 나은 것을 실제로 입증해 줄 미스 클랩의 설명을 들어야 할 독자들을 내가 너무 오래 붙들어놓은 것은 아닌지 걱정된다.

존 듀이의 생애

듀이는 1859년 10월 20일, 미국 버몬트 주에 있는 벌링턴이라는 도시에서 식료품 가게를 운영한 아버지와 어머니 사이에서 4남 중 셋째로 태어났다. 듀이는 어릴 때부터 학업보다는 생활의 생생한 측면을 경험하는 것을 즐겼고, 이를 통해 배우는 것을 좋아했다고 한다. 이후 버몬트 대학에 입학한 듀이는 그곳에서 다윈의 진화론에 영향을 받은 헉슬리(T. H. Huxley)의 저술 『기초생리학』을 통해 철학에 관심을 가지게 되었다.

대학을 졸업한 뒤에는 약 2년 반 동안 고등학교와 초등학교에서 학생들을 가르쳤는데, 이때 『사변철학(The Journal of Speculative Philosophy)』이라는 학회지에 「유물론의 형이상학적 전제」라는 논문을 투고하면서 본격적으로 철학을 공부하게 된다. 그 후 듀이는 1882년 존스홉킨스 대학에 진학하였고, 그곳에서 자신에게 지속적인 영향을 끼친 두 명의 스승을 만나게 된다. 한 사람은 헤겔 철학의 전문가인 모리스(G. S. Morris) 교수이고, 또 한 사람은 미국 실험심리학의 선구자인 스탠리 홀(G. Stanley Hall) 교수이다. 이들의 가르침은 듀이의 초기 사상에 결정적인 영향을 끼쳤다.

1884년 박사 학위를 받은 후에는 모리스 교수의 주선으로 미시간 대학에서 강의를 하게 되었으며, 미시간 대학의 강사로 재직하던 1886년에 해리어트 앨리스 치프먼(Harriet Alice Chipman)과 결혼하였다. 앨리스 여사의 학문적 관심사는 주로 사회 문제나 교육 문제였으며, 듀이가 이 분야에 관심을 갖게 되는 데 영향을 끼쳤다. 듀이가 본격적으로 교육에 관심을 갖기 시작한 것도 미시간 대학교에서였다. 듀이는 대부분의 학교 교육이 답습하고 있던 낡은 전통적 방식이 당시의 아동 심리학이 밝혀낸 여러 사실에 부합하지 않으며, 변화하고 있던 민주적 사회질서의 요구에도 맞지 않음을 깨달았다.

이에 듀이는 이런 문제를 해결할 수 있는 교육철학 연구에 관심을 기울이게 되었고, 그 결과 그의 교육철학의 기본 원리를 담은 『학교와 사회』(1899)가 탄생했다. 이 책에서 듀이는 교육은 아동의 이해관심(interest)에 바탕을 두어야 한다고 주장했으며, 학교 교실에서 다양한 경험을 통해 사유와 행위의 상호작용이 이루어질 수 있도록 해야 함을 강조했다. 무엇보다도 그는 교육이 일상적인 삶과 떨어져서 이루어져서는 안 되며, 학교는 '축소된 공동체'로서 아동의 경험과 삶에 바탕을 두고 조직되어야 한다고 보았다. 그 과정에서 교사는 틀에 박힌 지식을 전달하는 감독자가 아니라, 학생의 동료이자 안내자가 되어야 한다고 보았으며, 이러한 교육철학을 바탕으로 이후 실험학교가 탄생하게 되었다. 또한 미시간 대학에서 『심리학』(1887)이라는 자신의 첫 번째 책을 출간했는데, 이는 듀이의 초기 사상이 헤겔 관념론의 영향을 받았음을 드러내는 작품이었다. 그리고 이 시기에 그는 평생의 철학적 동료인 제임스 터프츠(James Hayden Tufts)를 만나게 된다.

1894년 듀이는 터프츠와 함께 시카고 대학으로 자리를 옮겼고, 시카고 대학의 철학, 심리학, 교육학과의 학과장이 되었다. 시카고 대학에서 그의 초기 관념론적인 철학은 커다란 변화를 겪게 되었고, 대학의 후원을 받아 '실험학교'를 설립하여 자신의 교육철학을 실현하고자 했다. 시카고 대학에 재직 중이던 1903년, 듀이는 동료들과 함께 쓴 논문집 『논리 이론 연구』를 출간했다. 당시 프래그머티즘의 대표자였던 제임스(William James)는 이 책을 매우 반기면서 이 책의 출간으로 시카고학파라는 새로운 철학학파가 탄생했다고 선언하기까지 했다. 또한 당시 듀이는 심리학에 대한 논문도 많이 썼는데, 지금도 심리학 분야의 고전으로 인정받을 만큼 심리학에 대한 기여도 컸다.

1904년에는 실험학교의 운영과 관련된 불화로 시카고 대학을 그만두고 컬럼비아 대학의 철학과로 자리를 옮겨 활동하다가 1930년 71세의 나이로 교수직에서 은퇴했다. 교수 생활을 마무리했던 컬럼비아 대학에서 듀이는 미국 최고의 지성들과 교류하며 자신의 사고를 풍성하게 했다. 컬럼비아 대학에 재직하던 첫 10년간 형이상학과 지식론에 대한 많은 논문을 발표했고, 교육과 관련해서도 수많은 저작을 출간했다. 『사고의 방법』(1910), 교육학 분야에서 그의 가장 중요한 기여라고 할 수 있는 『민주주의와 교육』(1916) 등이 이 시기에 탄생했다.

1919년부터 1921년까지는 일본, 중국 등지를 돌며 강연을 하기도 했으며, 1930년 은퇴 후에도 여러 나라를 순회하며 활동을 계속했다. 그 결과 국내외의 수많은 대학에서 명예학위를 받았으며, 1952년 92세의 나이로 사망할 때까지 미국뿐만 아니라 전 세계의 교육학, 철학, 정치학, 사회과학, 미학 등에 지대한 영향을 끼쳤다.

>> **역자 이력**

■ **황정숙**

역자 황정숙은 현재 인천에 있는 작전고등학교 사회교사로 재직 중이다. 한양대학교 행정학과를 졸업하고 서울대학교 사회교육과에서 '차이'를 긍정하는 정치교육 방안을 주제로 석사학위를, 칸트의 '반성적 판단력'을 활용한 개념 학습 방안을 연구하여 박사학위를 받았다. 『논쟁하는 정치교과서 1, 2』, 『논쟁하는 환경교과서』를 사회교사들과 공동으로 집필하였으며, 다원주의 사회에서 요구되는 시민교육 방안에 대하여 공부하고 있다.

존 듀이가 쓴 교육에 관한 기록들
존 듀이 교육론

초판발행 2013년 6월 19일
초판 2쇄 2016년 3월 23일
초판 3쇄 2020년 2월 27일

역 자 황정숙
펴 낸 이 김성배
펴 낸 곳 도서출판 씨아이알

책임편집 박영지
디 자 인 김나리, 류지영
제작책임 김문갑

등록번호 제2-3285호
등 록 일 2001년 3월 19일
주 소 (04626) 서울특별시 중구 필동로8길 43(예장동 1-151)
전화번호 02-2275-8603(대표)   **팩스번호** 02-2265-9394
홈페이지 www.circom.co.kr

ISBN 978-89-97776-78-8 03370
정가 18,000원

ⓒ 이 책의 내용을 저작권자의 허가 없이 무단 전재하거나 복제할 경우 저작권법에 따라 처벌받을 수 있습니다.